Je Cuisine Italien

Stefano Faita

Je cuisine italien

TRÉCARRÉ

Une compagnie de Quebecor Media

**Catalogage avant publication de Bibliothèque et Archives nationales du Québec
et Bibliothèque et Archives Canada**

Faita, Stefano
    Stefano Faita : je cuisine italien
    ISBN 978-2-89568-591-3
    1. Cuisine italienne. I. Titre. II. Titre: Je cuisine italien.
TX723.F342 2011   641.5945   C2011-941877-0

Édition : Lison Lescarbeau
Direction artistique : Marike Paradis
Révision linguistique : Marie-Eve Gélinas
Correction d'épreuves : Hélène Léveillé
Couverture et grille graphique : Chantal Boyer
Mise en pages : Chantal Boyer, Axel Pérez de León
Photographie de couverture : © Julie Perreault Photographe 2011 – Tous droits réservés
Photographies intérieures : Caroline Gaudreault
Assistante photo : Marie-Hélène Goyette
Assistante de Stefano Faita : Audrey Lessard
Styliste culinaire : Heidi Bronstein
Stylistes accessoiristes : Sylvain Riel et Judith Gougeon
Collaboration aux textes et traduction des recettes : Jean-François Boily
Recherche au contenu : Cristina Faita, Audrey Lessard et Alan Humphreys

Remerciements
Nous reconnaissons l'aide financière du gouvernement du Canada par l'entremise
du Fonds du livre du Canada pour nos activités d'édition.
Gouvernement du Québec – Programme de crédit d'impôt pour l'édition de livres
– gestion SODEC.

Les Éditions du Trécarré
Groupe Librex inc.
Une compagnie de Québecor Media
La Tourelle
1055, boul. René-Lévesque Est
Bureau 800
Montréal (Québec) H2L 4S5
Tél. : 514 849-5259
Téléc. : 514 849-1388
www.edtrecarre.com

Dépôt légal – Bibliothèque et Archives nationales du Québec et Bibliothèque
et Archives Canada, 2011

ISBN : 978-2-89568-591-3

Distribution au Canada
Messageries ADP
2315, rue de la Province
Longueuil (Québec) J4G 1G4
Tél. : 450 640-1234
Sans frais : 1 800 771-3022
www.messageries-adp.com

Diffusion hors Canada
Interforum
Immeuble Paryseine
3, allée de la Seine
F-94854 Ivry-sur-Seine Cedex
Tél. : 33 (0)1 49 59 10 10
www.interforum.fr

SOMMAIRE

9 Introduction

11 Les **AGRUMES**

25 Les **VERTS ET FEUILLUS**

39 La **TOMATE**

51 Les **ÉPICES**

65 Les **CÉRÉALES**

79 Les **NOIX**

93 Les **LÉGUMINEUSES**

107 Les **POISSONS EN CONSERVE**

121 La **CHARCUTERIE**

La cuisine italienne

est partout parce que les Italiens sont partout. Ils ont migré aux quatre coins du monde et ont influencé profondément leurs terres d'accueil. La tradition culinaire doit certainement y être pour quelque chose, car il y a un génie inhérent à cette cuisine qui survit et évolue depuis des siècles. Elle est polyvalente, saine, savoureuse et souvent très facile, en plus d'être ancrée dans un art de la table fondé sur la convivialité.

La cuisine italienne sait mettre en valeur les produits. Qu'y a-t-il de meilleur qu'une assiette de pâtes fraîches parfaitement cuites, garnies de parmesan frais et d'huile d'olive de qualité supérieure ? Ou qu'un antipasto composé d'une sélection d'olives, de chicorée sautée, de prosciutto et de pain grillé ? Pour moi, les meilleurs plats italiens sont ceux qui laissent s'exprimer pleinement le goût franc et unique des ingrédients, plutôt que les créations complexes noyées dans une avalanche de saveurs.

Bon. Maintenant que je me suis épanché sur cette cuisine italienne que j'aime tant (et qui est si bonne pour moi !), je tiens à vous avertir que certaines recettes de ce livre nécessiteront toute votre attention. Concentrez-vous. Imaginez maintenant un risotto en pleine cuisson ou une pièce de viande pour six personnes que vous devez saisir et retourner sur le gril… Vous les voyez ? Vous ne devez pas penser à autre chose.

Si vous êtes attentif en cuisine, vous deviendrez rapidement plus confiant. Les recettes comme je les conçois sont des cartes vous permettant d'explorer le territoire de vos propres goûts. À mesure que vous maîtriserez les techniques, vous devriez vous approprier les plats. Si vous n'aimez pas les oignons, n'en mettez pas. Si vous aimez follement le salé, essayez la recette avec quelques câpres ou un filet d'anchois. Cette approche par essais et erreurs vous permettra de découvrir les ingrédients et de mieux exploiter les saveurs.

La plupart des livres de recettes – et celui-ci ne fait pas exception – donnent des quantités et des temps de cuisson précis. En vérité, je vous le dis, ces chiffres sont bien approximatifs ! Le temps de cuisson dépend de la puissance de votre four, tandis que la quantité de bouillon nécessaire, par exemple, variera chaque fois en fonction de l'intensité du feu. Les pâtes fraîches, quant à elles, doivent toujours être cuites de la même manière : selon leur fraîcheur ! Tous ces petits défis font partie du bonheur de cuisiner. Remuez, goûtez, sentez, badigeonnez et n'hésitez pas à rectifier le tir si vous croyez que c'est nécessaire. Au pire, ce sera raté, mais vous aurez appris.

Ce livre est composé de « vraies » recettes. Je ne veux pas que vous regardiez les photos avec envie en vous disant que les plats qu'elles présentent sont inaccessibles. Je vous veux dans la cuisine, complètement concentré dans la préparation d'un bon repas, un verre de vin à la main, les manches relevées et la musique à fond… Ce faisant, si je peux vous aider à expérimenter des choses nouvelles tout en faisant saliver ceux que vous aimez, ma mission sera accomplie. Et peut-être même qu'un jour, vous direz vous aussi : « Je cuisine italien ! »

Stefano

« CHAQUE MATIN, J'AVALE UN DEMI-CITRON PRESSÉ DANS UN GRAND VERRE D'EAU. »

LES AGRUMES

L'Italie est un grand producteur d'agrumes, particulièrement dans les régions méridionales. Les oranges sanguines de Sicile, par exemple, sont absolument fameuses, et les agrumes ont la cote dans la culture culinaire italienne en général. Pour ma part, chaque matin, j'avale un demi-citron pressé dans un grand verre d'eau. C'est une habitude que m'a transmise ma conjointe, Isabelle, qui garde toujours une montagne de citrons dans le bol à fruits. Ce n'est pas moi qui m'en plaindrai, car j'aime bien ajouter une bonne rasade de jus de citron à toutes mes poêlées de légumes verts. De même, l'orange et sa petite-cousine la clémentine sont très populaires dans ma famille, particulièrement dans les plats typiques des grandes fêtes du calendrier liturgique. À la fin du repas de Noël, par exemple, nous servons toujours une grande assiette de clémentines, tandis qu'à Pâques nous mangeons toutes sortes de desserts qui révèlent des saveurs subtiles de zeste d'orange. Dans ce chapitre où se côtoient le sucré et le salé, j'ai donc décidé de mettre de l'avant les agrumes, car ils me rendent heureux... et le plaisir est contagieux.

Citron

Dans la cuisine italienne, le citron accompagne souvent les poissons et les viandes, particulièrement en Sicile, où sa culture est très abondante. Le jus de citron remplace fréquemment aussi le vinaigre dans les vinaigrettes et les mayonnaises, en plus d'empêcher l'oxydation de la chair de plusieurs fruits et légumes. Le zeste du citron est très utile, mais il faut prendre bien soin de ne pas inclure dans les plats la peau blanche à laquelle il est attaché, car elle est très amère. Les citrons (même biologiques) sont souvent cirés, pour améliorer leur apparence et les protéger durant le transport ; il faut donc les laver correctement avant de les zester.

Scaloppine di pollo al timo e limone

Escalopes de poulet au thym et au citron

INGRÉDIENTS	4 personnes

2 poitrines de poulet (environ 650 g ou 1 ½ lb), désossées

sel et poivre du moulin

farine

60 ml (4 c. à soupe) d'huile d'olive

jus de 1 citron

120 à 240 ml (½ à 1 tasse) de bouillon de poulet

30 ml (2 c. à soupe) de câpres

3 à 4 tiges de thym, hachées finement

15 ml (1 c. à soupe) de beurre

1. Couper les poitrines en deux sur le sens de la longueur et les assaisonner de sel et de poivre.
2. Rouler les morceaux de poulet dans la farine et les secouer pour en retirer l'excès.
3. Dans une grande poêle, faire chauffer l'huile d'olive à feu élevé et y saisir rapidement le poulet, pour lui donner une belle coloration dorée sur tous les côtés.
4. Déglacer la poêle avec le jus de citron et laisser réduire jusqu'à ce que le liquide soit presque complètement évaporé.
5. Ajouter le bouillon de poulet et réduire le feu. Laisser cuire environ 10 minutes, selon l'épaisseur des morceaux de poulet.
6. À peu près 5 minutes avant la fin de la cuisson, ajouter les câpres et le thym ainsi que le beurre, pour épaissir la sauce. Napper le poulet de sauce au moment de servir.

TRUC De préférence, utilisez du poulet de grain
• Vos poitrines diminueront moins à la cuisson, et elles seront plus juteuses et savoureuses.

Sorbetto al limone e basilico

Sorbet au citron et au basilic

INGRÉDIENTS   environ 1 litre de sorbet
zeste de 4 citrons
360 ml (1 ½ tasse) de jus de citron frais (nécessite environ 8 citrons)
150 g (1 tasse) de sucre à glacer
45 ml (3 c. à soupe) de feuilles de basilic, hachées
240 ml (1 tasse) d'eau
120 ml (½ tasse) de sirop refroidi (120 ml [½ tasse] de sucre dissous dans 120 ml [½ tasse] d'eau bouillante)
60 ml (4 c. à soupe) de limoncello
1 blanc d'œuf

1. Nettoyer et essuyer les 4 citrons utilisés pour le zeste. Retirer ensuite le zeste minutieusement, en évitant d'emporter la peau blanche entourant les citrons. Réserver.
2. Extraire le jus de citron requis et le filtrer dans une passoire fine. Dans un bol, fouetter le jus avec le sucre à glacer. Ajouter le zeste, le basilic, l'eau, le sirop et le limoncello.
3. Laisser congeler le mélange toute une nuit dans un contenant de plastique.
4. Transférer le mélange glacé au robot culinaire, avec un blanc d'œuf. Fouetter en mode « pulsation » jusqu'à l'obtention d'une belle texture crémeuse.
5. Remettre le sorbet dans le contenant de plastique et le laisser congeler de 2 à 4 heures supplémentaires.

SGROPPINO

En été, on peut intégrer le sorbet dans le *sgroppino*, un cocktail très populaire en Italie. Mélanger au robot culinaire 480 ml (2 tasses) de sorbet et 240 ml (1 tasse) de prosecco (ou un autre vin pétillant) et servir le tout dans des flûtes à champagne.

TRUC Pour ce sorbet, on utilise un sirop simple, soit une part de sucre pour une part d'eau • On chauffe d'abord l'eau pour y dissoudre le sucre, et on laisse refroidir le sirop à température ambiante.

Orange

Les oranges ont été introduites en Italie par les Sarrasins au XIe siècle, et elles sont cultivées partout dans le sud du pays, particulièrement en Calabre et en Sicile. Confite, l'orange est beaucoup utilisée dans les desserts et les confiseries italiennes. On peut déglacer les poêles et les casseroles avec du jus d'orange, moins acide que le jus de citron, en se rappelant que son goût est moins prononcé dans les sauces. Il faut bien nettoyer les oranges avant d'en retirer le zeste, car elles sont souvent cirées, à l'instar du citron.

Toretta alle arancie e mozzarina su letto di finocchi

Tour à l'orange et à la mozzarina sur salade de fenouil

INGRÉDIENTS   4 personnes

30 ml (2 c. à soupe) de jus de citron

10 ml (2 c. à thé) d'échalote ou d'oignon vert, haché

7,5 ml (½ c. à soupe) de sucre

5 ml (1 c. à thé) de moutarde de Dijon

1 pincée de sel

15 ml (1 c. à soupe) de menthe, hachée

60 ml (4 c. à soupe) d'huile d'olive

1 gros bulbe de fenouil ou 2 bulbes de taille moyenne

3 grosses oranges, pelées et coupées en 12 tranches

2 fromages mozzarina, coupés en 12 tranches

jus d'orange, fraîchement pressé

1. Passer le jus de citron, l'échalote, le sucre, la moutarde, le sel et la menthe au robot culinaire, en y versant lentement l'huile d'olive pour bien combiner tous les ingrédients.

2. À l'aide d'une mandoline, couper le fenouil en tranches aussi minces que possible. (Utilisez un couteau bien affûté si vous n'avez pas de mandoline.) Ciseler aussi quelques-unes des pousses herbeuses du fenouil pour les intégrer à la salade.

3. Dans un grand bol, mouiller le fenouil avec la vinaigrette et laisser mariner au moins 1 heure.

4. Monter la salade sur des assiettes individuelles, en y déposant un lit de fenouil. Recouvrir le fenouil d'une « tour », en alternant une tranche d'orange et une autre de mozzarina. Garnir le tout de jus d'orange fraîchement pressé, de menthe hachée et d'un trait d'huile d'olive.

TRUC Il est préférable de mélanger le fenouil et la vinaigrette la veille, et de laisser reposer le tout au frigo pour que les saveurs s'amalgament.

Girelle fritte all'arancio

Pets-de-sœur-italienne frits à l'orange

INGRÉDIENT	environ 30 girelles
300 g (2 ⅓ tasses) de farine tout usage	
120 ml (½ tasse) de beurre à la température ambiante, en petits cubes	
180 ml (¾ tasse) de lait	
1 pincée de sel	
150 g (½ tasse) de sucre d'érable ou de sucre brun	
zeste de 4 oranges	
1 jaune d'œuf, battu	
huile à friture	

1. Dans un bol, combiner la farine, le beurre, le lait et le sel. Façonner une boule de pâte dense et onctueuse en la pétrissant avec les mains. Placer la pâte dans un bol, couvrir de pellicule plastique et réfrigérer 30 minutes.
2. Pendant ce temps, mélanger le sucre et le zeste d'orange. Réserver.
3. Sur un plan de travail fariné, abaisser la pâte au rouleau à environ 3 mm d'épaisseur, en essayant d'obtenir une surface ovale.
4. Étendre le zeste et le sucre uniformément sur la pâte avant de la rouler sur elle-même pour former un long cylindre. Avant de refermer le rouleau complètement, badigeonner le repli de pâte avec le jaune d'œuf battu pour qu'il se ferme à la cuisson.
5. Couper des tranches de pâte de 1 cm (½ po) d'épaisseur avec un couteau bien affûté. Déposer sur une plaque de cuisson recouverte de papier parchemin et laisser reposer 15 minutes au réfrigérateur.
6. Chauffer l'huile à 175 °C (350 °F) et y plonger les pets-de-sœur de 3 à 4 minutes, jusqu'à ce qu'ils soient bien dorés sur tous les côtés. Placer sur une plaque recouverte de papier parchemin et laisser reposer 10 minutes. Servir tiède.

TRUC Il est important de respecter la température de friture indiquée : les pets-de-sœur se gorgeront d'huile si vous faites la friture à une température trop basse, tandis qu'ils se coloreront sans cuire au centre si l'huile est trop chaude.

Clémentine

La clémentine fait partie de la famille des oranges. Elle est descendante de la mandarine et fut importée de Chine au XIXᵉ siècle. Son utilisation dans la cuisine européenne est assez récente, car son cultivar n'a été obtenu qu'au début du XXᵉ siècle, à la suite de croisements. Il existe plusieurs variétés italiennes de ce fruit à la peau mince et habituellement sans pépins : Comuni, Montreales, di Nules et Orovales, entre autres. On l'appelle souvent « orange de Noël », parce que les récoltes s'étendent normalement de novembre à janvier. La clémentine se mange crue, car sa texture fragile et son arôme délicat ne résistent pas très bien à la cuisson.

Insalata di Rucola, clementine e noci

Salade de roquette aux clémentines et aux noisettes

INGRÉDIENTS   4 personnes

115 g (4 oz, environ 1 sac) de roquette naine

2 ou 3 clémentines, pelées et défaites en morceaux

60 ml (4 c. à soupe) d'oignons verts, hachés finement

60 g (½ tasse) de noisettes, rôties et hachées grossièrement

50 g (⅓ tasse) de fromage gorgonzola, émietté

VINAIGRETTE

45 ml (3 c. à soupe) de confiture de figues

45 ml (3 c. à soupe) de jus de clémentine

30 ml (2 c. à soupe) de jus de citron

huile d'olive

1 pincée de fleur de sel

1. Dans un petit bol, fouetter la confiture de figues, le jus de clémentine et le jus de citron. Réserver.
2. Sur une grande assiette creuse, étendre la roquette et la garnir avec les clémentines, l'oignon vert, les noisettes et le fromage.
3. Garnir de vinaigrette et compléter la salade en y versant un filet d'huile d'olive de bonne qualité et une pincée de fleur de sel.

》》 **TRUCS** Il est possible de remplacer la roquette par des épinards nains. Vous perdrez le goût poivré de la roquette mais gagnerez la fraîcheur des épinards • Vous pourriez aussi combiner les deux, pour ménager la chèvre et le chou !

Mandarinetto

INGRÉDIENTS	1 ½ litre
1 bâton de cannelle	
1 clou de girofle	
660 ml (2 ½ tasses) d'alcool à 94 % (ou de vodka, pour les plus raisonnables)	
peau de 5 clémentines	
peau de 1 orange	
480 ml (2 tasses) de sucre	

1. Déposer la cannelle et le clou de girofle dans 120 ml (½ tasse) d'alcool. Dans un autre récipient, mettre les peaux de clémentine et d'orange dans les 480 ml (2 tasses) d'alcool restants. Laisser infuser 2 jours dans un endroit frais.
2. Après 2 jours, diluer le sucre complètement dans 500 ml (2 tasses) d'eau tiède et le mélanger avec l'alcool préalablement filtré au tamis fin. Bien mélanger le liquide et le verser dans une bouteille adéquate, en la bouchant bien.
3. Laisser reposer le mandarinetto au moins 2 semaines dans la bouteille avant de le servir bien froid.

TRUC Quand il fait chaud, servez le mandarinetto dans un grand verre avec de l'eau pétillante et des glaçons, et garnissez-le de quelques tranches de clémentine • Vous en redemanderez !

« Mange ton chou, Stefano ! »

Les VERTS ET FEUILLUS

Ma grand-mère Angela – peut-être la meilleure cuisinière que j'aie connue – était originaire du nord de l'Italie, et le chou faisait partie de ses aliments préférés. Elle l'intégrait dans la polenta et dans les ragoûts ou nous le servait simplement en salade, en fines lanières. À l'autre bout de la famille, ma grand-mère Teresa, originaire du centre de l'Italie, travaillait au marché Jean-Talon et avait un faible avoué pour les épinards et les autres verdures typiques de la cuisine italienne. Je dois avouer que, petit, j'ai eu un peu de difficulté à m'habituer au goût légèrement amer de la chicorée, par exemple, ou à celui du rapini, du radicchio ou de la roquette. Mais j'ai dû m'y faire, car tous les Italiens aiment l'amertume ! On pourrait dire que c'est un goût pour les mangeurs expérimentés, qui procure un plaisir intense une fois qu'on l'a apprivoisé. « Mange ton chou, Stefano ! » me disait toujours ma grand-mère. J'ai fini par l'écouter et, aujourd'hui, je me surprends à répéter le même conseil à ma fille. C'est pourquoi je dis ici à tous ceux qui veulent m'entendre : « Mangez vert et feuillu ! » C'est bon au goût. C'est bon pour vous.

Chou de Savoie

Le chou de Savoie est plus tendre et possède un goût plus sucré que les autres variétés de chou. C'est pourquoi ses grandes feuilles, qui résistent très bien à la cuisson, peuvent devenir un « ballot » parfait pour toutes sortes d'ingrédients. En fait, il s'agit d'un aliment très polyvalent pouvant être bouilli, braisé ou sauté, tandis que les feuilles plus tendres du cœur sont parfaites pour les salades. Il était très populaire à l'époque des Romains, car on croyait qu'il pouvait « guérir » l'état d'ébriété !

Cassoeula Semplice

Ragoût de chou consistant

INGRÉDIENTS   6 personnes

75 ml (5 c. à soupe) d'huile d'olive

600 g (1 ⅓ lb) de côtes de dos de porc

300 g (⅔ lb) de saucisse italienne, coupée en gros morceaux

1 oignon moyen, haché finement

2 petites carottes, hachées finement

2 tiges de céleri, hachées finement

3 feuilles de laurier

1 chou de Savoie d'environ 1 kg (2 ¼ lb), paré et coupé en tranches fines

240 ml (1 tasse) de vin blanc sec

800 ml (28 oz) de tomates en dés en conserve

120 ml (½ tasse) de coulis de tomates

sel et poivre du moulin

300 g (⅔ lb) de saucisson cotechino, blanchi et coupé en tranches épaisses

1. Dans une grande poêle à frire, chauffer 30 ml (2 c. à soupe) d'huile d'olive et y saisir le porc et les morceaux de saucisse italienne, pour leur donner une belle coloration sur tous les côtés. Réserver.

2. Dans un grand faitout, chauffer 3 c. à soupe d'huile d'olive et y faire revenir l'oignon, les carottes et le céleri.

3. Ajouter les feuilles de laurier et laisser cuire de 5 à 7 minutes, jusqu'à ce que les légumes soient tendres.

4. Ajouter le chou et cuire 5 minutes. Incorporer le vin blanc et bien mélanger. Cuire à couvert 15 minutes, à feu moyen-doux, ou jusqu'à ce que le chou soit complètement tombé.

5. Ajouter la saucisse, le porc, les tomates en dés et le coulis. Saler et poivrer. Bien mélanger. Poursuivre la cuisson 1 heure, à couvert, à feu moyen-doux.

6. Incorporer les tranches de cotechino 15 minutes avant la fin de la cuisson. Servir le ragoût sur un lit de polenta, avec un filet d'huile d'olive.

TRUC Le cotechino est une charcuterie italienne, un saucisson à base de viande et de couenne de porc • On doit le pocher dans l'eau environ 90 minutes avant de l'utiliser dans cette recette (ou de le servir autrement).

Focaccia verza e prosciutto
Focaccia farcie au chou et au prosciutto

Ingrédients   20 × 30 cm (8 × 12 po)

Pâte

300 ml (1 ¼ tasse) d'eau tiède

5 ml (1 c. à thé) de sucre

30 g (3 c. à soupe) de levure de bière

325 g (2 ½ tasses) de farine « 00 »

65 g (½ tasse) de semoule de blé fine

5 ml (1 c. à thé) de sel

Garniture

45 ml (3 c. à soupe) d'huile d'olive

1 gros oignon, en tranches fines

2 gousses d'ail, émincées

2,5 ml (½ c. à thé) de flocons de piment fort

1 grosse pomme de terre Yukon Gold, pelée et coupée en petits cubes

1 chou de Savoie d'environ 650 g (1½ lb), paré et coupé en tranches fines

120 ml (½ tasse) de vin blanc sec

480 ml (2 tasses) de béchamel

200 g (⅓ à ½ lb) de prosciutto cotto, en cubes

50 g (½ tasse) de parmesan, râpé

sel et poivre du moulin

1 jaune d'œuf, battu avec un peu de lait

1. Dans un petit bol, verser l'eau sur le sucre et la levure pour les dissoudre.

2. Dans un autre bol, mélanger la farine, la semoule et le sel. Verser le mélange de levure dans les ingrédients secs. Former une boule de pâte et la pétrir de 5 à 7 minutes.

3. Laisser reposer la boule de pâte 30 minutes à la température ambiante, dans un bol couvert d'un linge à vaisselle. La pâte devrait doubler de volume.

4. Presser la pâte gonflée avec les doigts pour en faire sortir le plus d'air possible. Refaire une boule de pâte et la laisser reposer à couvert 30 minutes supplémentaires.

5. Pendant ce temps, dans une grande poêle, chauffer l'huile d'olive et y faire revenir l'oignon et l'ail. Ajouter le piment fort et laisser cuire de 2 à 3 minutes. Incorporer les cubes de pomme de terre et les faire rissoler à feu moyen de 5 à 7 minutes.

6. Ajouter le chou progressivement dans la poêle, à mesure qu'il tombe sous l'effet de la chaleur. Une fois le chou ramolli, augmenter la chaleur et le cuire 5 minutes à feu élevé, en remuant souvent.

7. Déglacer la poêle avec le vin blanc. Réduire à feu moyen et laisser cuire le chou à couvert une vingtaine de minutes, en remuant fréquemment. Retirer du feu et y ajouter la béchamel, le prosciutto et le parmesan. Saler et poivrer. Bien mélanger et laisser refroidir.

8. Préchauffer le four à 220 °C (425 °F). Abaisser la pâte pour couvrir une surface d'environ 40 × 60 cm (16 × 24 po). Étendre le mélange de chou sur une moitié de la pâte, en laissant une bande de 2 cm (1 po) libre de garniture sur les côtés. Replier la pâte sur elle-même et refermer ses trois côtés, en la pinçant dans la zone libre de garniture.

9. Badigeonner la pâte avec le mélange de jaune d'œuf et de lait, puis y percer plusieurs trous à la fourchette, pour que la vapeur sorte pendant la cuisson.

10. Cuire 20 minutes au four. Laisser reposer à la température ambiante 10 minutes avant de servir.

Épinards

Originaires de Perse, les épinards furent introduits en Sicile par les Sarrasins au XIᵉ siècle. Au Moyen Âge, on combinait les épinards au miel et aux amandes pour créer des plats sucrés. Généralement, les épinards à grandes feuilles sont meilleurs cuits, tandis que les variétés naines se mangent crues dans les salades. Une légende tenace, popularisée par le personnage de Popeye, veut que les épinards soient une source exceptionnelle de fer : en fait, leur teneur d'environ 3 mg de fer par 100 g est non négligeable, mais elle est dépassée par celle de nombreux autres aliments. Cela dit, si ça prend une histoire comme celle-là pour convaincre les petits de manger leurs légumes verts, n'hésitez pas !

Pasta con ricotta, spinaci e pinoli

Pâtes ricotta, épinards et noix de pin

INGRÉDIENTS	4 personnes

400 g (14 oz) de pâtes courtes au choix

60 ml (4 c. à soupe) d'huile d'olive

55 g (1 ⅔ oz) d'oignon blanc, émincé en longueur

2 gousses d'ail, hachées

300 g (10 ⅔ oz) d'épinards nains ou de bette à carde

30 ml (2 c. à soupe) de raisins secs ou de canneberges, réhydratés 15 minutes dans l'eau tiède

sel et poivre du moulin

300 g (10 ⅔ oz) de ricotta

30 ml (2 c. à soupe) de noix de pin, grillées

12 g (2 c. à soupe) de parmesan

1. Faire bouillir suffisamment d'eau salée pour y cuire les pâtes.

2. Chauffer l'huile d'olive dans une grande sauteuse. Ajouter l'oignon et l'ail et les faire revenir quelques minutes à feu moyen.

3. Incorporer les épinards et les laisser tomber à la chaleur. Ajouter ensuite les raisins. Saler et poivrer.

4. Quand les pâtes sont *al dente*, dans un grand bol, ajouter environ 240 ml (1 tasse) de leur eau de cuisson au fromage ricotta pour le rendre plus crémeux. Détendre le mélange à la fourchette quelques secondes.

5. Transférer les pâtes dans le bol avec la ricotta, en mélangeant bien.

6. Incorporer le mélange d'épinards, les noix et le parmesan en remuant bien. Garnir d'un filet d'huile d'olive et servir.

Torta di Frittate

Gâteau de frittatas

INGRÉDIENTS — 4 à 6 personnes

FRITTATA DE POMMES DE TERRE

30 ml (2 c. à soupe) d'huile d'olive

1 petit oignon, haché finement

1 pomme de terre Yukon Gold, pelée et coupée en cubes

1 poivron rouge, en lanières

sel et poivre du moulin

5 œufs

12 g (2 c. à soupe) de parmesan, râpé

FRITTATA AUX ÉPINARDS

30 ml (2 c. à soupe) d'huile d'olive

100 g (3 ½ oz) de champignons de Paris couleur café, tranchés

200 g (7 oz) d'épinards nains, blanchis, égouttés et hachés grossièrement

sel et poivre du moulin

5 œufs

12 g (2 c. à soupe) de parmesan, râpé

30 ml (2 c. à soupe) de persil italien, haché finement

GARNITURE

1 tranche épaisse (150 g ou ⅓ lb) de prosciutto cotto, hachée en petits morceaux

150 g (⅓ lb) de fromage de chèvre

2 ou 3 branches de thym, hachées finement

FRITTATA DE POMMES DE TERRE

1. Dans une poêle antiadhésive de 24 cm (9 ½ po) de diamètre, chauffer l'huile d'olive à feu moyen pour y faire suer l'oignon. Ajouter la pomme de terre et le poivron rouge. Cuire 10 minutes en remuant occasionnellement. Saler et poivrer.

2. Dans un bol, fouetter les 5 œufs et le parmesan. Saler et poivrer. Verser les œufs dans la poêle et cuire de 2 à 3 minutes à feu élevé. Réduire le feu et poursuivre la cuisson à feu moyen-doux, jusqu'à ce que le dessus de la frittata cesse d'être coulant.

3. Placer une grande assiette sur la poêle. Retourner la frittata dans l'assiette, puis la glisser de nouveau dans la poêle pour la cuire de 2 à 3 minutes de l'autre côté. Retirer la frittata de la poêle et la réserver sur une assiette.

FRITTATA AUX ÉPINARDS

1. Dans la même poêle, chauffer de nouveau de l'huile d'olive pour y sauter les champignons de 2 à 3 minutes. Ajouter les épinards et cuire de 2 à 3 minutes supplémentaires. Saler et poivrer.

2. Dans un bol, fouetter les 5 œufs, le parmesan et le persil. Saler et poivrer. Verser les œufs dans la poêle et cuire de 2 à 3 minutes à feu élevé. Réduire le feu et poursuivre à moyen-doux, jusqu'à ce que le dessus de la frittata cesse d'être coulant.

3. Placer une grande assiette sur la poêle. Retourner la frittata dans l'assiette, puis la glisser de nouveau dans la poêle pour la cuire de 2 à 3 minutes de l'autre côté. Déposer la frittata sur une assiette.

ASSEMBLAGE

1. Préchauffer le four à 190 °C (375 °F).

2. Dans un bol, mélanger le prosciutto cotto, le fromage de chèvre et le thym. Réserver.

3. Couvrir de papier parchemin le fond d'un moule à ressort de 20 cm (8 po) de diamètre. Construire le « gâteau » en y empilant la frittata d'épinards, la garniture de prosciutto (en l'étendant bien) et la frittata de pommes de terre.

4. Enfourner 15 minutes. Laisser reposer une dizaine de minutes à la température ambiante avant de retirer du moule. Couper en pointes et servir.

Chicorée

Cette plante vivace pousse à l'état sauvage, mais ses feuilles doivent alors être mangées très jeunes, sinon elles sont trop amères. Il existe plusieurs espèces de chicorée, dont la frisée, la scarole et l'endive, qu'on apprête de plusieurs manières. Les chicorées de Trévise (aux feuilles allongées) et de Vérone (en pommes rondes) sont typiques des variétés autochtones italiennes, qui sont rouges et qu'on appelle généralement « radicchio ». La plupart du temps, on sert les chicorées braisées ou sautées, mais elles sont aussi délicieuses grillées sur le barbecue, car le goût des feuilles légèrement brûlées se marie à merveille avec l'amertume du légume.

Stracciatella alla cicoria

Straciatella à la chicorée

INGRÉDIENTS   4 à 6 personnes

45 ml (3 c. à soupe) d'huile d'olive

1 oignon, émincé

2 carottes, en dés

1 tige de céleri, en dés

150 g (⅓ lb) de chair de saucisse italienne piquante, émiettée

300 g (10 ⅔ oz) de chicorée, lavée et coupée en lanières minces

60 ml (¼ tasse) d'eau

sel et poivre du moulin

1,5 l (6 tasses) de bouillon de bœuf

2 œufs

50 g (½ tasse) de parmesan, râpé

30 ml (2 c. à soupe) de persil italien, haché finement

1. Chauffer l'huile d'olive dans une sauteuse et y faire revenir l'oignon quelques minutes, jusqu'à ce qu'il soit translucide. Ajouter les carottes et le céleri et laisser cuire de 3 à 5 minutes.

2. Ajouter la chair des saucisses et cuire 5 minutes. Incorporer la chicorée et l'eau. Couvrir et laisser cuire environ 5 minutes, pour ramollir la chicorée. Saler et poivrer. Réserver.

3. Porter le bouillon de bœuf à ébullition dans une casserole.

4. Pendant ce temps, dans un bol, fouetter les œufs, le parmesan et le persil. Saler et poivrer.

5. Quand le bouillon bout, y ajouter d'abord le mélange de viande et de chicorée.

6. Incorporer ensuite le mélange d'œufs progressivement, en remuant constamment la soupe pendant l'opération. Les œufs doivent cuire dans le bouillon en s'effilochant.

7. Garnir les bols de soupe de poivre frais et de fromage parmesan râpé.

TRUC Si vous n'avez pas le temps de faire votre bouillon maison, préconisez les bouillons en boîte plutôt que les petits cubes concentrés, car, en plus d'avoir meilleur goût, ils contiennent souvent moins de sel.

Antipasto Marchigiano

L'ANTIPASTO COMPREND des tranches de salami, de lonzo, de capicollo et de prosciutto, ainsi que du fromage pecorino vieilli et du pecorino aux piments forts. On l'accompagne de chicorée sautée et d'un pain traditionnel encore tiède, la *crescia*.

INGRÉDIENTS

CICORIA STRASCINATA (Chicorée *strascinata*)

400 g (14 oz) de chicorée

30 ml (2 c. à soupe) d'huile d'olive extra-vierge

1 gousse d'ail, broyée

5 ml (1 c. à thé) de flocons de piment fort

sel au goût

1. Blanchir la chicorée quelques secondes dans l'eau bouillante ou à la vapeur.
2. Chauffer l'huile d'olive dans une poêle et y infuser l'ail et le piment fort pour en rehausser la saveur.
3. Quand l'ail est rôti, ajouter la chicorée et laisser revenir 1 minute. Saler au goût. Servir la chicorée avec l'antipasto.

INGRÉDIENTS

CRESCIA

5 ml (1 c. à thé) de sel

2,5 ml (½ c. à thé) de poivre noir du moulin

500 g (4 tasses) de farine « 00 » ou tout usage

360 ml (1 ½ tasse) d'eau bouillante

huile d'olive

fleur de sel

1. Dans un grand bol, combiner le sel, le poivre et la farine. Ajouter l'eau chaude progressivement, en mélangeant bien, pour former un pâton.
2. Déposer le pâton dans un bol enduit d'huile d'olive. Couvrir le bol avec une pellicule plastique et laisser reposer 1 heure à la température ambiante.
3. Couper le pâton en dix morceaux de taille égale. Abaisser chaque petite boule au rouleau à ½ cm (¼ po) d'épaisseur pour former des cercles de pâte d'environ 15 cm (6 po) de diamètre.
4. Chauffer une bonne quantité d'huile d'olive dans une poêle à frire striée. Cuire les cercles de pâte jusqu'à ce qu'ils soient bien dorés de chaque côté, en les pressant avec une pesée. Assécher les *crescia* sur du papier absorbant pour en retirer l'excès d'huile.
5. Saupoudrer les *crescia* de fleur de sel et les servir tiède avec l'antipasto.

TRUC La *crescia* est peu connue, mais très facile à préparer • Vous pouvez la cuire et la servir tiède avec une trempette ou comme pain d'accompagnement.

« JE N'AI QU'À FERMER LES YEUX ET JE VOIS ROUGE ! »

La TOMATE

S'il y a un ingrédient qui mérite son propre chapitre dans un livre comme celui-ci, c'est bien la tomate. À l'étuvée, en coulis ou simplement crue, la tomate est probablement l'aliment le plus emblématique de la cuisine italienne. Pour moi, elle est associée à une foule de souvenirs. Mon grand-père cueillait ses tomates sur le plant et les mangeait telles quelles, tandis que ma grand-mère trempait parfois un morceau de pain rassis dans l'eau avant d'y écraser une tomate, qu'elle garnissait d'huile et d'un peu de basilic frais. À l'automne, ma mère nous imposait inévitablement une corvée annuelle de tomates, pour que nous puissions profiter de notre coulis maison tout au long de l'hiver. En fait, je n'ai qu'à fermer les yeux et je vois rouge ! Rouge et bien mûr. Rouge tomate. C'est une vieille amie, si on peut le dire ainsi. Ce fruit incarne tous les atouts de la cuisine italienne : fraîcheur, simplicité, saveur et qualités nutritives. Quand j'y pense, elle me met l'eau à la bouche.

Tomate

Découverte en Amérique du Sud, celle qu'on appelle en italien la « pomme d'or » – *pomodoro* – est apparue en Europe dès le XVIe siècle, d'abord comme plante ornementale. Deux cents ans plus tard, elle devient l'aliment le plus utilisé dans la cuisine italienne. En Italie, on retrouve la tomate à peu près partout, mais les régions les plus propices à sa culture sont l'Émilie-Romagne et la Campanie. En cuisine, les variétés Roma et San Marzano sont les plus utilisées dans les sauces, tandis que les tomates cerises sont généralement plus populaires dans le sud du pays. À cause de sa forte acidité, la tomate est idéale pour les conserves maison. Pour ce qui est du goût, les tomates vendues sur le plant sont habituellement plus savoureuses, car elles mûrissent naturellement.

Ragù di pesce

Ragoût de poisson

INGRÉDIENTS — 4 à 6 personnes

60 ml (4 c. à soupe) d'huile d'olive extra-vierge

2 carottes, hachées finement

2 tiges de céleri, hachées finement

1 oignon de taille moyenne, haché finement

15 ml (1 c. à soupe) d'origan séché

5 ml (1 c. à thé) de flocons de piment fort

750 g (1 ⅔ lb) de calmars (le corps en rondelles de 1 cm ou ½ po ; les tentacules coupés en deux)

240 ml (1 tasse) de vin blanc sec

240 ml (1 tasse) de jus de palourdes

2 conserves de 398 ml (14 oz) de tomates en dés

sel et poivre du moulin

450 g (1 lb) de lotte, l'arête dorsale enlevée et coupée en morceaux de 3 × 5 cm (1 × 2 po)

450 g (1 lb) de crevettes de calibre 16/20, décortiquées et nettoyées

450 g (1 lb) de pétoncles de calibre U-10, coupés en deux

12 palourdes

30 ml (2 c. à soupe) de persil italien, haché finement

1. Dans un très grand faitout, chauffer l'huile d'olive et y faire revenir les carottes, le céleri, l'oignon, l'origan et le piment fort. Laisser cuire à feu moyen une dizaine de minutes, en remuant fréquemment, jusqu'à ce que les légumes ramollissent.

2. Ajouter les calmars et poursuivre la cuisson environ 15 minutes, à feu moyen-doux, en remuant de temps en temps.

3. Incorporer le vin et le jus de palourdes et porter le liquide à ébullition à feu moyen-élevé. Cuire à découvert une vingtaine de minutes, jusqu'à évaporation complète du liquide.

4. Ajouter les tomates en dés. Saler et poivrer. Laisser cuire à feu très doux 15 minutes, en remuant occasionnellement.

5. Ajouter la lotte et laisser cuire 15 minutes.

6. Augmenter l'intensité du feu au maximum et incorporer les crevettes, les pétoncles et les palourdes. Cuire 5 minutes supplémentaires, ou jusqu'à ce que les palourdes s'ouvrent.

7. Retirer le ragoût du feu et le laisser reposer quelques minutes. Servir sur un lit de polenta ou de purée de pommes de terre. Garnir de persil haché et d'un filet d'huile d'olive.

»

TRUCS Si votre poissonnerie est à court de lotte, utilisez une autre sorte de poisson à chair ferme, comme le colin ou le flétan • Prêtez attention à la provenance du poisson pour éviter le plus possible de consommer les espèces menacées.

Torta salata ai pomodori
Tarte de tomates

INGRÉDIENTS	1 tarte
6 tomates moyennes, coupées en deux et vidées	
15 ml (1 c. à soupe) d'origan séché	
45 ml (3 c. à soupe) de thym, haché finement	
sel	
30 ml (2 c. à soupe) d'huile d'olive	
185 g (6 ½ oz) de pâte brisée	
15 ml (1 c. à soupe) de moutarde de Dijon	
75 g (¾ tasse) de fromage montasio, râpé	
75 g (¾ tasse) de fromage gruyère, râpé	
30 ml (2 c. à soupe) d'huile de piment fort	

1. Préchauffer le four à 200 °C (400 °F).
2. Déposer les demi-tomates (la peau vers le bas) sur une plaque à biscuits recouverte d'un papier parchemin. Assécher l'intérieur des tomates à l'aide de papier absorbant.
3. Saupoudrer les tomates avec l'origan et 15 ml (1 c. à soupe) de thym. Assaisonner les tomates d'une pincée de sel et y verser un généreux filet d'huile d'olive.
4. Enfourner une quinzaine de minutes. Retirer les tomates du four et les assécher de nouveau avec du papier absorbant. Réserver.
5. Sur un plan de travail fariné, rouler la pâte pour qu'elle couvre un moule à quiche à fond rétractable de 26 cm (10 po) de diamètre. Déposer la pâte sur le moule.
6. Étendre la moutarde de Dijon uniformément sur la pâte. Ajouter le fromage et y saupoudrer le reste du thym. Verser l'huile piquante en filet sur le fromage et recouvrir le tout avec les tomates.
7. Enfourner de 20 à 25 minutes supplémentaires, toujours à 200 °C (400 °F), jusqu'à ce que la pâte soit cuite à point.
8. Sortir la tarte de tomates du four et la laisser reposer une dizaine de minutes sur une grille avant de la servir.

TRUC Pour réussir cette recette, il est important de bien faire sécher les tomates, sinon elles détremperont la pâte et le résultat ne sera pas aussi satisfaisant.

Costine e Sugo

Côtes de porc en sauce tomate

INGRÉDIENTS   4 à 6 personnes

45 ml (3 c. à soupe) d'huile d'olive

3 gousses d'ail, pelées

sel et poivre du moulin

1,2 kg (2 ½ lb) de côtes de dos de porc

240 ml (1 tasse) de vin rouge

2 l (8 ¼ tasses) de coulis de tomates

1. Dans une grande casserole, chauffer l'huile d'olive pour y colorer l'ail. Sortir les gousses d'ail de la casserole quand elles sont bien dorées. Réserver.
2. Saler et poivrer les côtes de porc et, dans la même casserole, les saisir pour qu'elles soient bien dorées sur tous les côtés. Déglacer avec le vin rouge et laisser réduire le liquide presque complètement.
3. Ajouter le coulis de tomates et les gousses d'ail et porter à ébullition.
4. Quand le coulis bout, réduire à feu doux, saler et poivrer, puis laisser mijoter environ 2 heures, en refermant le couvercle aux trois quarts. Remuer occasionnellement pour éviter que la sauce colle au fond. Ajouter un peu d'eau à la sauce si elle devient trop épaisse.
5. Sortir les côtes de la sauce quand elles sont cuites et les servir telles quelles avec une salade verte. Utiliser la sauce restante pour garnir des pâtes en accompagnement.

Spaghetti alle zucchine, pomodori secchi e yogurt
Spaghetti aux courgettes, aux tomates séchées et au yogourt

INGRÉDIENTS	4 personnes
60 ml (4 c. à soupe) d'huile d'olive	
2 gousses d'ail, hachées finement	
3 courgettes, en fines juliennes	
15 tomates séchées, en lanières	
90 ml (6 c. à soupe) d'olives noires, tranchées	
175 g (6 oz) de yogourt nature de type balkan (6 % m.g.)	
30 ml (2 c. à soupe) de basilic, haché	
30 ml (2 c. à soupe) de marjolaine, hachée	
30 ml (2 c. à soupe) de persil italien, haché	
12 g (2 c. à soupe) de parmesan, râpé	
450 g (16 oz) de spaghettis	
sel et poivre du moulin	

1. Dans une poêle, chauffer l'huile d'olive et y faire revenir l'ail 2 minutes. Ajouter ensuite les courgettes, les tomates séchées et les olives noires. Laisser revenir de 4 à 5 minutes. Réserver.
2. Dans un petit bol, mélanger le yogourt avec les fines herbes et le parmesan. Réserver.
3. Porter suffisamment d'eau salée à ébullition et y faire cuire les spaghettis *al dente*.
4. Égoutter les pâtes et les transférer dans un bol de service. Verser la préparation de yogourt sur les pâtes.
5. Ajouter les courgettes, les tomates séchées et les olives. Saler et poivrer. Bien mélanger, garnir de parmesan au goût et servir.

TRUC Dans un monde idéal, vous utiliseriez uniquement des herbes fraîches pour bonifier les arômes de vos plats • En fait, c'est facile, puisqu'elles sont maintenant offertes dans tous les supermarchés.

Involtini di Melanzane

Rouleaux d'aubergine farcis

INGRÉDIENTS   4 à 6 personnes

SAUCE

45 ml (3 c. à soupe) d'huile d'olive

2 gousses d'ail, pelées

2 conserves de 398 ml (14 oz) de tomates en dés

4 ou 5 feuilles de basilic frais

sel

AUBERGINES

340 g (¾ lb) d'aubergines (2 grosses aubergines)

huile d'olive

3 œufs

sel

farine

FARCE

115 g (¼ lb) de veau haché

115 g (¼ lb) de porc haché

30 ml (2 c. à soupe) de chapelure nature

1 œuf

20 g (3 c. à soupe) de parmesan reggiano, râpé

50 g (1 ¾ oz) de mozzarella fumée, en petits dés

30 ml (2 c. à soupe) de persil italien, haché

sel et poivre du moulin

SAUCE

1. Dans un grand poêlon, chauffer l'huile d'olive à feu vif et y faire dorer l'ail. Ajouter ensuite les tomates en dés.
2. Poursuivre la cuisson de 10 à 12 minutes. Retirer du feu et ajouter le basilic. Saler, couvrir et laisser reposer.

AUBERGINES

1. À l'aide d'une mandoline, couper les aubergines sur la longueur à une épaisseur de ½ cm (¼ po). Il faut avoir au moins 16 tranches.
2. Chauffer suffisamment d'huile d'olive dans une sauteuse pour y saisir les tranches d'aubergine.
3. Dans un bol assez évasé pour y tremper les tranches d'aubergine, battre légèrement les œufs et les assaisonner d'une pincée de sel. Saupoudrer une assiette de farine et la placer près du bol d'œufs.
4. Tremper les tranches d'aubergine dans les œufs battus avant de les retourner dans la farine.
5. Frire l'aubergine des deux côtés, trois tranches à la fois, jusqu'à ce qu'elle soit bien dorée. Assécher les tranches avec du papier absorbant. Réserver.

FARCE

Dans un bol, combiner le veau, le porc, la chapelure, l'œuf, le parmesan, la mozzarella fumée et le persil. Saler et poivrer. Bien mélanger.

ASSEMBLAGE

1. Garnir chaque tranche d'aubergine panée d'environ 15 ml (1 c. à soupe) de farce, avant de la retourner sur elle-même pour former un rouleau.
2. Préchauffer le four à 175 °C (350 °F).
3. Étendre 240 ml (1 tasse) de sauce tomate au fond d'un plat de cuisson rectangulaire. Déposer les rouleaux côte à côte dans le plat, en prenant soin de mettre le repli vers le bas pour éviter qu'ils se déroulent.
4. Verser la sauce tomate restante sur les rouleaux et les garnir de quelques feuilles de basilic hachées grossièrement.
5. Cuire 30 minutes au four. Garnir de parmesan frais et servir.

« UN PETIT PEPERONCINO N'A JAMAIS FAIT MOURIR PERSONNE ! »

LES ÉPICES

Les épices distinguent les cultures culinaires entre elles. On souligne souvent l'importance des herbes et des ingrédients frais dans la cuisine italienne, mais on parle assez peu des épices qui la caractérisent. Le safran, par exemple, pousse abondamment en Italie. Grâce au fameux risotto à la milanaise de ma *nonna* Angela, j'ai eu la chance de me familiariser tôt avec cette épice, qui donne au riz un goût sucré et une appétissante couleur jaune. De même, en arrivant de l'école, je dévorais par sacs entiers les *taralli*, délicatement parfumés aux graines de fenouil, une plante autochtone du sud de l'Italie. Et, pour rehausser ses plats, ma mère ajoutait un peu de piment fort ici et là, car, comme elle le disait, un petit *peperoncino* n'a jamais fait mourir personne ! J'espère vous donner envie d'intégrer ces quelques épices à vos plats régulièrement, car elles sont parmi les plus populaires dans la mère patrie.

Graines de fenouil

Appelées *finocchio* en italien, ces graines sont tirées du fenouil, une plante de la famille du persil. Dans le sud de l'Italie, le fenouil pousse à l'état sauvage et produit des graines plus savoureuses que les variétés cultivées. Leur goût s'apparente à celui des graines d'anis, qui sont toutefois plus sucrées. En Italie, leur usage est très répandu, mais on peut souligner leur présence remarquée dans le *finnicchiona*, un fameux salami toscan, ainsi que dans les *taralli*, sortes de biscuits salés qu'on retrouve couramment dans le sud du pays.

Zuppa di cavolfiore, gamberetti e semi di finocchio

Soupe de chou-fleur et crevettes aux graines de fenouil

INGRÉDIENTS	4 personnes

1 chou-fleur

30 ml (2 c. à soupe) d'huile d'olive

1 échalote française, émincée

1 tomate, pelée, vidée et coupée en cubes

sel et poivre du moulin

1 l (4 ⅛ tasses) de bouillon de poisson ou de poulet

1 gousse d'ail

15 ml (1 c. à soupe) de persil italien, haché

5 ml (1 c. à thé) de graines de fenouil

1 feuille de laurier

250 g (1 ¼ tasse) de haricots cannellini, égouttés et rincés

50 g (¼ tasse) de pois congelés

16 petites crevettes de calibre 16/20, décortiquées et nettoyées

1. Parer d'abord le chou-fleur en séparant tous les bourgeons des tiges. Réserver les bourgeons. (On n'utilisera que ceux-ci ; les tiges pourront être récupérées pour un autre usage.)
2. Dans une casserole moyenne, chauffer l'huile d'olive et y faire revenir l'échalote à feu moyen-élevé.
3. Quand l'échalote devient translucide, ajouter la tomate. Saler, poivrer et laisser cuire 5 minutes.
4. Incorporer le bouillon et le chou-fleur. Laisser mijoter de 8 à 10 minutes. Si nécessaire, ajouter un peu d'eau pour éclaircir la soupe durant la cuisson.
5. Pendant ce temps, broyer au mortier l'ail, le persil, les graines de fenouil et assaisonner d'un peu de sel.
6. Ajouter à la soupe le mélange d'herbes, le laurier, les haricots, les pois et les crevettes. Cuire de 2 à 3 minutes supplémentaires, ou jusqu'à ce que les crevettes soient prêtes, et servir.

TRUC Pour bien nettoyer les crevettes, il faut d'abord les décortiquer en retirant complètement leur carapace • Pratiquer ensuite une incision sur la chair du dos, pour retirer la veine noire qui traverse les crevettes, et les rincer à l'eau froide.

Taralli al finocchio

Taralli au fenouil

INGRÉDIENTS   environ 40 à 50 *taralli*

700 g (5 ½ tasses) de farine « 00 » (pour la pâte)

15 ml (1 c. à soupe) de sel

7,5 ml (½ c. à soupe) de sucre

22,5 ml (1 ½ c. à soupe) de graines de fenouil, broyées

240 ml (1 tasse) de vin blanc sec

240 ml (1 tasse) d'huile d'olive extra-vierge

65 g (½ tasse) de farine tout usage (pour fariner un bol)

1. Préchauffer le four à 175 °C (350 °F).
2. Déposer la farine, le sel, le sucre et les graines de fenouil dans le contenant d'un batteur électrique sur socle (utiliser le fouet plat). Battre le mélange à vitesse moyenne en incorporant le vin blanc et l'huile, jusqu'à l'obtention d'une pâte épaisse.
3. Fariner généreusement un bol et y déposer la pâte. Ajouter encore de la farine sur la pâte, recouvrir le bol et réfrigérer pour la nuit.
4. Retourner la pâte sur un plan de travail fariné et la pétrir légèrement. La diviser en dix portions égales.
5. Rouler chaque morceau de pâte en un long rouleau d'environ 35 cm (14 po) de longueur et 1 cm (½ po) de diamètre. Couper les rouleaux en quatre ou cinq tronçons de longueur égale.
6. Replier chaque tronçon sur lui-même pour former une sorte de boucle de pâte. (Ce sont ces boucles qu'on appelle *taralli*.) Déposer les *taralli* au fur et à mesure sur une plaque à biscuits farinée.
7. Porter à ébullition environ 6 litres d'eau salée dans une grande casserole peu profonde. Plonger les *taralli* dans l'eau bouillante, cinq ou six à la fois. L'eau doit continuer de frémir. Assurez-vous qu'ils ne collent pas au fond de la casserole. Les *taralli* ont suffisamment bouilli quand ils commencent à flotter à la surface.
8. Les sortir de l'eau en les égouttant quelques secondes dans une écumoire (ou une cuillère trouée). Placer les *taralli* sur une plaque à biscuits et les laisser reposer 5 minutes.
9. Huiler légèrement une autre plaque à biscuits avec de l'huile d'olive, y déposer les *taralli* et les enfourner de 35 à 40 minutes, jusqu'à ce qu'ils soient bien dorés. Les sortir du four et les transférer sur une grille pour qu'ils refroidissent. Déguster les *taralli* bien croquants, à la température ambiante.

Safran

On le cueille à la main sur le stigmate du *crocus sativus* et on le fait sécher à basse température pour obtenir une épice d'un jaune caractéristique. Le rendement est très faible, car il faut environ 1 million de fleurs pour obtenir 10 kg d'épices. En Italie, on cultive le safran surtout en Sardaigne et dans les Abruzzes. Il est préférable d'acheter les fils de safran entiers plutôt que le safran en poudre. Infuser les fils de safran dans un peu d'eau pour en extraire la saveur et la couleur, puis intégrer l'infusion aux risottos, aux ragoûts ou aux fumets de poisson. Ne jamais saisir le safran directement sur le feu, car son goût sera pratiquement détruit.

Pasta agli asparagi, pancetta e zafferano

Pâtes safranées aux asperges et à la pancetta

INGRÉDIENTS   4 personnes

1 botte d'asperges

30 ml (2 c. à soupe) d'huile d'olive

150 g (⅓ lb) de pancetta forte, en cubes

2 gousses d'ail, hachées

240 ml (1 tasse) de crème 35 %

5 g (1 c. à thé) de fils de safran

400 g (14 oz) de pâtes courtes
(penne, rigatoni, farfalle, etc.)

sel et poivre du moulin

75 g (⅔ tasse) de fromage pecorino,
râpé

1. Blanchir les asperges 3 minutes et les couper en tronçons. Réserver.

2. Dans une grande poêle, chauffer l'huile d'olive et y faire revenir la pancetta 5 minutes. Ajouter l'ail et laisser cuire 2 minutes.

3. Incorporer la crème et le safran, et laisser réduire de moitié.

4. Pendant ce temps, cuire les pâtes *al dente* dans une grande casserole d'eau bouillante salée.

5. Quand la réduction est suffisante, ajouter les asperges dans la sauce et assaisonner de sel et de poivre au goût.

6. Incorporer les pâtes cuites dans la sauce et y ajouter le pecorino râpé en remuant bien. Garnir les pâtes d'un peu de pecorino râpé et servir.

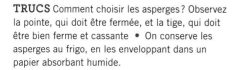

TRUCS Comment choisir les asperges ? Observez la pointe, qui doit être fermée, et la tige, qui doit être bien ferme et cassante • On conserve les asperges au frigo, en les enveloppant dans un papier absorbant humide.

Ostriche piccanti allo zafferano
Huîtres épicées au safran

INGRÉDIENTS	12 huîtres moyennes

12 huîtres (Lucky Lime, Malpèque, Pickle Point ou autre)

5 g (1 c. à thé) de fils de safran

60 ml (4 c. à soupe) de vin blanc

90 ml (6 c. à soupe) de chapelure

60 ml (4 c. à soupe) d'huile d'olive

1 gousse d'ail, hachée

45 ml (3 c. à soupe) de persil, haché

1 petite pincée de flocons de piment fort

sel et poivre du moulin

1. Préchauffer le four à 250 °C (475 °F).
2. Ouvrir les huîtres en prenant soin de bien détacher le muscle qui les attache à la coquille. Conserver le jus des huîtres.
3. Infuser le safran dans le vin blanc 15 minutes.
4. Dans un bol, combiner la chapelure, l'huile d'olive, le jus des huîtres, l'ail, le persil, les flocons de piment et le mélange de vin et de safran. Saler et poivrer. Le mélange doit avoir une texture pâteuse.
5. Étendre une mince couche de garniture sur chaque huître.
6. Disposer les huîtres sur une plaque à pâtisserie et les enfourner de 8 à 10 minutes. La garniture va devenir dorée et appétissante à la cuisson. Servir les huîtres bien chaudes.

>> **TRUC** Au besoin, il est possible de remplacer les huîtres par des palourdes ou des moules.

Piment fort

On utilise habituellement la peau et les pépins broyés de diverses variétés, dont le goût puissant vient de la capsaïcine, un composé qui stimule, entre autres, la digestion et la sécrétion d'endorphine. Généralement, les flocons de piment fort sont plus goûteux et se conservent plus longtemps que le piment en poudre. Les piments forts sont très présents dans la cuisine du sud de l'Italie, où ils sont souvent utilisés comme condiment. Les vrais maniaques de piment fort se doivent de connaître l'échelle de Scoville, du nom d'un pharmacologue qui a mesuré la quantité de capsaïcine présente dans toutes les variétés de piments forts.

Farfalle piccantine con carote, broccoli e basilico

Farfalle piquantes aux carottes, au brocoli et au basilic

INGRÉDIENTS	4 personnes
300 g (10 ⅔ oz) de carottes	
300 g (10 ⅔ oz) de brocoli	
400 g (14 oz) de farfalle	
90 ml (6 c. à soupe) d'huile d'olive	
1 gousse d'ail, pelée et écrasée	
5 ml (1 c. à thé) de flocons de piment fort	
5 ou 6 feuilles de basilic frais, hachées finement	
parmesan frais, râpé	

1. Porter une grande casserole d'eau salée à ébullition.
2. Pendant ce temps, peler les carottes et les trancher en rondelles. Parer le brocoli en retirant les tiges pour ne conserver que les bourgeons.
3. Quand l'eau bout, y plonger les carottes et le brocoli et les laisser cuire 5 minutes. Retirer les légumes de l'eau avec une écumoire et les réserver dans un bol. Porter de nouveau l'eau à ébullition et y ajouter les pâtes.
4. Dans une grande sauteuse, chauffer l'huile d'olive et y faire revenir l'ail et le piment fort de 1 à 2 minutes.
5. Incorporer les carottes et le brocoli, augmenter l'intensité du feu et sauter les légumes de 4 à 5 minutes. Ajouter les pâtes cuites dans la sauteuse et laisser cuire de 2 à 3 minutes supplémentaires, en prenant soin de bien enrober les pâtes avec la garniture.
6. Retirer la poêle du feu et ajouter le basilic et le parmesan. Mélanger et servir.

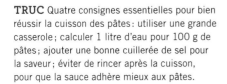

TRUC Quatre consignes essentielles pour bien réussir la cuisson des pâtes : utiliser une grande casserole ; calculer 1 litre d'eau pour 100 g de pâtes ; ajouter une bonne cuillerée de sel pour la saveur ; éviter de rincer après la cuisson, pour que la sauce adhère mieux aux pâtes.

Pasta ai funghi selvatici, prezzemolo e mascarpone

Pâtes aux champignons sauvages, au persil et au mascarpone

INGRÉDIENTS   4 personnes

55 ml (3 ½ c. à soupe) de beurre

60 ml (4 c. à soupe) d'huile d'olive

250 g (9 oz) de chanterelles, parées

250 g (9 oz) de bolets congelés ou séchés, réhydratés 20 minutes dans l'eau tiède

2 gousses d'ail, émincées

5 ml (1 c. à thé) de flocons de piment fort

45 ml (3 c. à soupe) de persil italien, haché

90 ml (6 c. à soupe) de fromage mascarpone

jus de 1 demi-citron

sel et poivre du moulin

400 g (14 oz) de pâtes courtes au choix

parmesan, râpé

1. Dans une poêle, chauffer le beurre et la moitié de l'huile d'olive pour y faire sauter les champignons, une petite quantité à la fois. Réserver.
2. Chauffer le reste de l'huile d'olive à feu moyen dans une grande sauteuse et y ajouter l'ail et le piment fort. Laisser cuire jusqu'à ce que l'ail soit tendre et doré. Ajouter le persil et les champignons.
3. Cuire à feu doux 5 minutes, puis incorporer le mascarpone et le jus de citron. Saler et poivrer.
4. Cuire les pâtes *al dente* dans une grande quantité d'eau bouillante salée. Ajouter les pâtes dans la sauce aux champignons en remuant bien. Au besoin, utiliser un peu d'eau de cuisson des pâtes pour détendre la sauce.
5. Garnir de parmesan et servir.

TRUC Les bolets et les chanterelles ne sont pas toujours disponibles, mais il est facile de les remplacer par des pleurotes ou des shiitakes, qui sont offerts toute l'année dans les supermarchés.

« MON PREMIER SOUVENIR DE CÉRÉALES REMONTE À UN DIMANCHE ! »

Les CÉRÉALES

Quand j'étais enfant, ma mère, Elena, avait son rituel hebdomadaire de préparation de pâtes fraîches et, souvent, ma sœur et moi prenions part à cette popote dominicale. Mon premier souvenir de céréales remonte donc à un dimanche après-midi ! Nous faisions tout à la main. Ma mère plaçait une bonne quantité de semoule de blé sur une grande planche. Elle y creusait ensuite une sorte de puits pour y verser de l'huile d'olive, des œufs et un peu d'eau. Juste après, le fun commençait ! Dans un nuage de farine, Cristina et moi nous lancions intensément dans le pétrissage, jusqu'à former une boule lisse. « Pas trop vite, nous modérait ma mère, il faut y aller doucement avec la pâte ! » Aujourd'hui, trente ans plus tard, c'est ma fille Emilia qui pétrit la pâte, et j'y vois encore plus de magie qu'à l'époque. Pour ce chapitre, le plus difficile a été de choisir quelles céréales mettre de l'avant. En puisant dans la tradition italienne, j'aurais pu inclure l'épeautre, l'orge ou le sarrasin, mais j'ai plutôt décidé d'y aller avec mes classiques personnels : le blé, qu'on utilise en semoule dans les pâtes fraîches, le riz, qui, en risotto, m'a souvent guéri de la gueule de bois et, enfin, le maïs, qui me rappelle la polenta légendaire de ma grand-mère Angela !

Blé

Pour les pâtes fraîches, on utilise la semoule, un terme tiré du latin *simila* signifiant « fleur de farine ». La semoule de première qualité est constituée d'amandes de blé dur ambré concassées et passées au tamis. On emploie souvent la grosse semoule pour les potages, tandis que les semoules intermédiaires et fines sont utilisées principale-ment pour la fabrication des pâtes alimentaires. Comme il s'agit d'une matière première dure, la semoule ne relâche pas d'amidon en cuisant, ce qui lui confère un goût léger et une texture sèche et légèrement granuleuse.

Lasagne ai frutti di mare

Lasagne aux fruits de mer

INGRÉDIENTS   6 à 8 personnes

12 pâtes à lasagne, cuites et égouttées

GARNITURE

480 ml (2 tasses) de bouillon de poulet

240 ml (1 tasse) de jus de palourdes

500 g (1 à 1 ¼ lb) de crevettes
de calibre 31/40

500 g (1 à 1 ¼ lb) de gros pétoncles

500 g (1 à 1 ¼ lb) de chair de crabe, cuite

sel et poivre du moulin

30 ml (2 c. à soupe) de beurre

30 ml (2 c. à soupe) d'huile d'olive

1 oignon, haché

200 g (7 oz) de champignons de Paris,
tranchés

1 paquet d'épinards

parmesan

SAUCE

120 ml (½ tasse) de beurre

65 g (½ tasse) de farine

360 ml (1 ½ tasse) de lait

sel et poivre du moulin

240 ml (1 tasse) de crème 35 %

100 g (1 tasse) de parmesan

1. Préchauffer le four à 175 °C (350 °F).
2. Dans une casserole, chauffer le bouillon de poulet et le jus de palourdes. Cuire les crevettes et les pétoncles 2 minutes dans ce bouillon. Retirer les crevettes et les pétoncles du bouillon et le filtrer. Réserver les fruits de mer. Réserver le bouillon filtré (pour la sauce).
3. Dans une petite casserole, faire fondre la demi-tasse de beurre et y ajouter la farine. Cuire 1 minute. Verser ensuite le lait et 480 ml (2 tasses) de bouillon de fruits de mer. Saler et poivrer au goût. Cuire de 5 à 6 minutes. (Si la sauce devient trop épaisse, ajouter encore un peu de bouillon.) Retirer la casserole du feu et y incorporer la crème et 120 ml (½ tasse) de parmesan. Réserver la sauce.
4. Couper les crevettes en deux, les pétoncles en quatre et la chair de crabe en morceaux de 2 cm (1 po). Bien mélanger les fruits de mer dans un bol en y ajoutant 240 ml (1 tasse) de sauce. Saler et poivrer au goût. Réserver les fruits de mer.
5. Dans une grande poêle, chauffer les 30 ml (2 c. à soupe) de beurre et d'huile d'olive. Faire sauter l'oignon, les champignons et les épinards quelques minutes. Saler et poivrer. Réserver les légumes.
6. Mouiller d'abord le fond du plat avec un peu de sauce, puis assembler la lasagne dans l'ordre suivant : pâtes, la moitié des fruits de mer, un peu de sauce, pâtes, tous les légumes, un peu de sauce, pâtes, l'autre moitié des fruits de mer, un peu de sauce, pâtes, sauce restante et parmesan.
7. Cuire la lasagne de 30 à 40 minutes. Laisser reposer une quinzaine de minutes avant de servir.

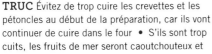

TRUC Évitez de trop cuire les crevettes et les pétoncles au début de la préparation, car ils vont continuer de cuire dans le four • S'ils sont trop cuits, les fruits de mer seront caoutchouteux et désagréables en bouche.

Gnocchi verdi con salsa ai peperoni

Gnocchis aux épinards et sauce aux poivrons

INGRÉDIENTS   4 personnes

300 g (10 ⅔ oz) d'épinards, blanchis, égouttés et hachés grossièrement

350 g (12 oz) de pommes de terre Yukon Gold, cuites et réduites en purée

1 jaune d'œuf

125 g (⅔ tasse) de semoule

240 ml (1 tasse) de tomates, en dés

1 gousse d'ail, hachée

1 petit oignon, haché

1 poivron rouge, vidé et haché grossièrement

30 ml (2 c. à soupe) d'huile d'olive

75 ml (5 c. à soupe) de crème 35 %

sel et poivre du moulin

farine

100 g (1 tasse) de parmesan, râpé

1. Dans un bol, former une pâte avec les épinards, les pommes de terre, le jaune d'œuf et la semoule. Laisser reposer une dizaine de minutes.
2. Pendant ce temps, porter les tomates, l'ail, l'oignon, le poivron rouge et l'huile d'olive à ébullition dans une petite casserole. Poursuivre la cuisson 15 minutes à couvert, à feu moyen-doux.
3. Retirer du feu et réduire en purée avec un mélangeur à main, avant d'ajouter la crème. Saler et poivrer. Réserver.
4. Couper la pâte à gnocchis en six portions égales et former de longs rouleaux. Couper les gnocchis en morceau d'environ 3 cm (1 ½ po). Fariner le plan de travail plusieurs fois pendant l'opération.
5. Cuire les gnocchis dans l'eau bouillante salée environ 3 minutes, jusqu'à ce qu'ils flottent à la surface.
6. Ajouter les gnocchis à la sauce et mélanger doucement. Garnir de parmesan frais râpé et servir.

TRUC Le truc pour réussir ces gnocchis est de bien égoutter les épinards • Si vous incorporez trop d'eau dans la pâte, vous devrez y ajouter de la farine et la pétrir beaucoup plus longtemps : vos gnocchis seront alors plus lourds et plus durs.

Riz

Après le blé, il occupe le deuxième rang des céréales les plus cultivées au monde et occupe une place de choix dans la gastronomie italienne. Sans entrer dans les détails, on peut distinguer deux grandes catégories de riz. Les riz à grains courts (ou à grains ronds) ont des grains généralement presque aussi larges que longs qui tendent à s'agglutiner pendant la cuisson, car ils contiennent beaucoup d'amidon. Les riz à grains longs, quant à eux, ont des grains beaucoup plus longs que larges qui, une fois cuits, restent faciles à séparer. On cultive en Italie plusieurs variétés de riz à grains longs de qualité supérieure, dont l'arborio, le vialone nano et le carnaroli.

Risotto ai porri e speck

Risotto au poireau et au speck

INGRÉDIENTS	4 personnes
30 ml (2 c. à soupe) d'huile d'olive	
15 ml (1 c. à soupe) de beurre	
2 poireaux, coupés en rondelles	
1 tranche épaisse (175 g ou ⅓ à ½ lb) de speck, coupée en petits cubes	
sel et poivre du moulin	
300 g (1 ⅔ tasse) de riz carnaroli ou arborio	
45 ml (3 c. à soupe) de grappa	
1 l (4 ⅛ tasses) de bouillon de poulet, chaud	
50 g (½ tasse) de fromage montasio, râpé	

1. Dans une grande poêle antiadhésive, chauffer l'huile d'olive et le beurre.
2. Faire revenir les poireaux dans la poêle de 2 à 3 minutes. Ajouter le speck et poursuivre la cuisson environ 5 minutes. Saler et poivrer au goût.
3. Mettre le riz dans la poêle et le laisser griller jusqu'à ce que les grains deviennent légèrement translucides.
4. Déglacer la poêle avec la grappa et, lorsque le liquide est presque complètement évaporé, incorporer le bouillon de poulet chaud une louche à la fois sans noyer le riz.
5. Quand le riz est *al dente* (tendre, mais ferme), retirer la poêle du feu et ajouter le fromage. Bien mélanger, poivrer généreusement et servir.

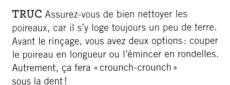

TRUC Assurez-vous de bien nettoyer les poireaux, car il s'y loge toujours un peu de terre. Avant le rinçage, vous avez deux options : couper le poireau en longueur ou l'émincer en rondelles. Autrement, ça fera « crounch-crounch » sous la dent !

Budino di riso
Pouding au riz arborio

INGRÉDIENTS   4 personnes

120 g (½ tasse) de riz arborio

1 l (4 ⅛ tasses) de lait

80 ml (⅓ tasse) de sucre

1 demi-gousse de vanille, incisée

1 petit bâtonnet de cannelle

1 pincée de muscade

zeste de 1 orange

pistaches, hachées (pour la décoration)

1. Combiner le riz, le lait, le sucre, la gousse de vanille et la cannelle dans une petite casserole. Porter doucement à ébullition et maintenir le feu juste assez élevé pour que le lait frémisse.
2. Cuire à découvert de 30 à 40 minutes, en remuant de temps en temps, pour éviter que le riz colle au fond du plat. Goûter le riz pour en valider la cuisson : il doit être très tendre et charnu.
3. Retirer le pouding au riz du feu et y ajouter la muscade et le zeste d'orange.
4. Laisser refroidir 10 minutes. Servir dans des coupes individuelles et garnir de pistaches hachées.

TRUC Le défi de cette recette réside dans la cuisson du riz • Pour que celui-ci ne colle pas et que le lait ne déborde pas, utilisez une casserole à fond épais et cuisez le riz à feu doux, en remuant souvent.

Maïs

En cuisine italienne, le maïs est souvent intégré aux plats sous forme de polenta, un terme qui signifie littéralement « bouillie de farine de maïs ». La polenta telle qu'on la connaît aujourd'hui date du XVIe siècle ; en effet, le maïs fait partie des trésors rapportés en Europe après la découverte du Nouveau Monde. Dans le nord de l'Italie, on mange la polenta plus crémeuse que dans le sud, où l'on préfère la laisser réduire davantage. Les puristes insisteront pour dire qu'une « vraie » polenta est cuite dans une épaisse casserole de cuivre (appelée *paiolo*) et qu'elle est remuée avec une grande cuillère de bois pendant toute la cuisson, pour prévenir la formation de grumeaux.

Polenta ripiena

Polenta farcie

INGRÉDIENTS	6 personnes
1 l (4 ⅛ tasses) d'eau	
15 ml (1 c. à soupe) de sel	
300 g (2 ¼ tasses) de semoule de maïs	
15 ml (1 c. à soupe) de beurre	

FARCE

30 ml (2 c. à soupe) d'huile d'olive	
1 oignon moyen, en dés	
1 gousse d'ail, hachée	
1 demi-poivron rouge, en dés	
1 branche de céleri, en dés	
1 carotte, en dés	
chair de 2 saucisses italiennes	
250 g (½ lb) de veau haché	
100 ml (6 c. à soupe) de vin blanc	
1 boîte de 398 ml (14 oz) de tomates en dés	
sel et poivre du moulin	
1 pincée de flocons de piment fort	
150 g (⅓ lb) de fromage taleggio, en fines tranches	
50 g (½ tasse) de parmesan	

1. Préchauffer le four à 150 °C (300 °F).
2. Faire bouillir l'eau salée. Ajouter la semoule en fine pluie et brasser avec un fouet. Cuire la polenta environ 45 minutes à feu doux, en brassant continuellement. Incorporer le beurre et bien mélanger. Réserver la polenta sur une plaque à pizza huilée de 30 × 40 cm (13 × 18 po), en prenant soin de l'étaler uniformément à environ 1 cm (½ po) d'épaisseur. Laisser refroidir.
3. Dans une casserole, faire chauffer l'huile d'olive. Faire revenir dans l'ordre : l'oignon, l'ail, le poivron, le céleri, la carotte, la chair des saucisses et le veau haché. Laisser cuire 5 minutes quand tout est incorporé dans la casserole.
4. Déglacer avec le vin et laisser réduire 2 minutes. Ajouter les tomates. Saler et poivrer. Incorporer les flocons de piment fort et laisser cuire doucement 15 minutes. Réserver.
5. Dans un plat à gratin, étendre une couche de polenta et y ajouter une couche de farce. Recouvrir la farce avec les tranches de taleggio. Couvrir le tout d'une deuxième couche de polenta.
6. Saupoudrer le plat avec le parmesan et enfourner 30 minutes. Terminer la cuisson 5 minutes sous le gril du four pour gratiner la polenta.

>>

TRUC Facile et conviviale, cette recette est parfaite pour faire découvrir la polenta à vos invités • De plus, on peut la cuisiner à l'avance et la faire réchauffer tranquillement au four, jusqu'au moment de servir • Vous aurez davantage de temps pour vos amis !

Tocchetti fritti di polenta con salsina di peperone rosso
Frites de polenta et trempette aux poivrons

INGRÉDIENTS   environ 40 frites

720 ml (3 tasses) d'eau

5 ml (1 c. à thé) de sel

200 g (1 ½ tasse) de semoule de maïs

30 ml (2 c. à soupe) de beurre

50 g (½ tasse) de parmesan, râpé

huile d'olive

TREMPETTE AUX POIVRONS

30 g (¼ tasse) d'amandes entières, rôties

60 g (½ tasse) de poivrons rouges, rôtis

5 ml (1 c. à thé) de vinaigre balsamique

1 demi-gousse d'ail, pelée

30 ml (2 c. à soupe) d'huile d'olive extra-vierge

sel et poivre du moulin

1. Faire bouillir l'eau et y ajouter le sel.
2. Incorporer la semoule avec un fouet, petit à petit, pour éviter que se forment des grumeaux.
3. Cuire de 25 à 30 minutes à feu moyen-doux, en remuant de temps en temps. Ajouter le beurre et le parmesan.
4. Transférer la polenta dans un moule à pain légèrement graissé et la laisser refroidir jusqu'à ce qu'elle fige.
5. Démouler la polenta et la couper en bâtonnets de 1 × 10 cm (½ × 4 po).
6. Chauffer suffisamment d'huile d'olive dans une poêle antiadhésive pour y frire les bâtonnets de polenta jusqu'à ce qu'ils soient bien dorés. Assécher les frites de polenta sur une plaque couverte de papier absorbant, pour enlever l'excès de gras. Servir avec la trempette *romesco*.

TREMPETTE AUX POIVRONS

1. Hacher les amandes très finement au robot culinaire.
2. Ajouter les poivrons rôtis, le vinaigre et l'ail, puis réduire le tout en une purée grossière.
3. Verser l'huile d'olive lentement dans l'appareil. Continuer de mélanger jusqu'à ce que la trempette épaississe légèrement et devienne bien onctueuse. Saler et poivrer au goût.
4. Transférer la trempette dans un petit bol pour accompagner les frites de polenta.

TRUCS Pour ces frites, je vous conseille de préparer la polenta la veille, ce qui lui donnera le temps de durcir, pour qu'elle soit facile à couper • Cuisez au maximum 4 ou 5 frites à la fois dans la poêle, car elles ont tendance à s'agglomérer pendant la friture.

« LES NOIX AJOUTENT TOUJOURS DU RELIEF AUX PLATS »

Les NOIX

Pour mon père, un moment de lecture ou de relaxation devant la télé est souvent accompagné d'un bol de noix mélangées, qui doivent être à portée de la main ! Quand j'étais petit, nous sautions parfois dans son camion et il m'emmenait dans des boutiques obscures pour trouver le mélange idéal des noix les plus fraîches : il en est friand à ce point. Pour ma part, en plus de les grignoter, j'adore les cuisiner, car elles ajoutent toujours du relief aux plats. D'ailleurs, je ne sais pas s'il existe une généalogie de la noix, mais ma grand-mère paternelle, Angela, les cuisinait énormément elle aussi : son gâteau aux pommes classique contenait un mélange de noix, de noisettes et d'amandes. C'est peut-être pour cette raison que j'ai choisi de vous proposer des recettes pour ces trois « fruits à écale », comme les gens savants se plaisent à les appeler. Peut-être aussi est-ce parce que l'Italie est un grand producteur mondial de noix et que ce sont les trois variétés les plus populaires.

Noix

En Italie, on cultive la noix principalement en Campanie. Le meilleur temps pour la récolte est la fin de l'automne, juste avant que l'huile qu'elle contient devienne rance. Son huile est d'ailleurs très prisée, mais elle est malheureusement assez difficile à conserver. On mange la plupart du temps les noix telles quelles, à la fin du repas, accompagnées de fruits. Au Québec, on l'appelle souvent « noix de Grenoble », mais, en fait, ce terme devrait être réservé à une variété spécifique, qui bénéficie d'une appellation d'origine contrôlée.

Pane alla barbabietola e noci

Pain aux noix et à la betterave

Ingrédients	1 miche
175 g (6 oz) de betteraves cuites, coupées en cubes	
60 ml (½ tasse) de lait	
30 g (3 c. à soupe) de levure de bière	
5 ml (1 c. à thé) de sucre	
180 ml (¾ tasse) d'eau tiède	
260 g (2 tasses) de farine « 00 » ou tout usage	
260 g (2 tasses) de farine de blé entier	
15 ml (1 c. à soupe) de sel	
60 ml (4 c. à soupe) d'huile de noix	
100 g (¾ tasse) de noix, rôties et hachées grossièrement	
100 g (3 ½ oz) de raisins secs, réhydratés 15 minutes dans l'eau	
240 ml (1 tasse) d'eau chaude	

1. Passer les betteraves et le lait au robot culinaire, jusqu'à l'obtention d'un mélange lisse et onctueux. Réserver.

2. Dans un petit bol, combiner la levure, le sucre et l'eau tiède. Laisser reposer 5 minutes.

3. Dans le bol d'un mélangeur sur socle muni d'un crochet pétrisseur, verser les farines et le sel. Incorporer le mélange de levure, la purée de betteraves, l'huile de noix, les noix et les raisins. Pétrir jusqu'à ce que le tout soit bien amalgamé.

4. Sur une surface de travail farinée, poursuivre le pétrissage à la main environ 8 minutes, ou jusqu'à ce que la pâte soit onctueuse et élastique. Déposer la pâte dans un bol légèrement graissé et la couvrir d'une pellicule plastique. Laisser gonfler la pâte 1 heure ; elle devrait pratiquement doubler de volume.

5. Aplatir la pâte avec les doigts pour en faire sortir l'air. Reformer une boule avec la pâte et la déposer sur une plaque de cuisson chemisée de papier parchemin. Couvrir la pâte avec un morceau de pellicule plastique huilée et la laisser gonfler de nouveau 45 minutes (elle devrait doubler encore une fois).

6. Préchauffer le four à 190 °C (375 °F) et déposer une lèchefrite vide sous la grille où sera insérée la plaque de cuisson contenant le pain.

7. Avant d'enfourner le pain, le fariner légèrement et y pratiquer avec la pointe d'un couteau dentelé trois incisions d'une profondeur de 1 cm (½ po).

8. Enfourner le pain et verser 240 ml (1 tasse) d'eau chaude dans la lèchefrite. Refermer la porte du four immédiatement et cuire 30 minutes, jusqu'à ce que le pain soit croustillant et doré ou qu'un thermomètre indique 88 °C (190 °F) au cœur du pain.

9. Laisser refroidir le pain complètement sur une grille avant de le trancher ou de le servir.

Crostatine all'arancia, semi di finocchio e noci

Tartelettes à l'orange, au fenouil et aux noix

INGRÉDIENTS	6 tartelettes
325 g (3 ¾ oz) de pâte brisée	
240 ml (1 tasse) de crème 35 %	
150 g (¾ tasse) de cassonade, bien tassée	
60 ml (¼ tasse) de sirop d'érable	
5 ml (1 c. à thé) de zeste d'orange	
2,5 ml (½ c. à thé) de graines de fenouil, broyées légèrement au mortier	
180 g (1 ½ tasse) de noix, rôties et hachées grossièrement	
1 pincée de sel	

1. Préchauffer le four à 190 °C (375 °F).
2. Abaisser la pâte à 2 mm d'épaisseur et la couper en cercles d'environ 14 cm (6 po) de diamètre.
3. Graisser six moules à tartelettes antiadhésifs de 10 cm (4 ½ po) de diamètre. (Utiliser des moules à fond rétractable.) Presser les cercles de pâte dans les moules. Replier l'excès de pâte, pour former au fond de chaque moule un contour de pâte à double épaisseur. Réserver au réfrigérateur.
4. Verser la crème, la cassonade, le sirop d'érable, le zeste d'orange et les graines de fenouil dans une casserole moyenne et cuire à feu moyen-doux, jusqu'à ce que le sucre soit dissous.
5. Augmenter ensuite le feu et porter à ébullition de 8 à 10 minutes, jusqu'à ce que le mélange brunisse légèrement et que de grosses bulles se forment à la surface. (Si les bulles gonflent excessivement dans la casserole, réduire le feu et remuer le mélange.)
6. Retirer la casserole du feu. Ajouter les noix et le sel.
7. Déposer les moules sur une plaque de cuisson recouverte de papier d'aluminium. Répartir le caramel d'érable uniformément sur les tartelettes.
8. Cuire les tartelettes de 18 à 20 minutes, jusqu'à ce que le caramel forme des bulles épaisses et que la pâte soit bien dorée et croustillante.
9. Laisser refroidir complètement avant de démouler les tartelettes. Servir à la température ambiante.

TRUCS Il est important de toujours beurrer et fariner les moules avant d'y verser la pâte • Après la cuisson, il faut attendre avant de démouler les tartes, mais pas trop longtemps, sinon le sirop durcira et les tartes se briseront lorsqu'on les sortira des moules.

Noisette

On cultivait la noisette à l'époque des Romains, mais, pendant les siècles suivants, elle a poussé surtout à l'état sauvage, avant qu'on la redécouvre au XVIIe siècle, plus particulièrement dans la ville campanienne d'Avellino. Les noisettes sont extraordinaires pour bonifier les beurres et les sauces accompagnant les poissons, ainsi que les biscuits et les desserts à base de café. Elles sont aussi utilisées pour la préparation du nougat, qu'on appelle *torrone* en italien. Après les avoir écalées, on peut rôtir les noisettes pour en rehausser la saveur et pour retirer plus facilement l'enveloppe brune qui les entoure.

Pasta ai broccoli
con salsa alla ricotta e nocciole

Pâtes au brocoli, sauce à la ricotta et aux noisettes

INGRÉDIENTS	4 personnes
400 g (14 oz) de brocoli	
75 ml (5 c. à soupe) d'huile d'olive	
1 gousse d'ail, émincée	
400 g (14 oz) de sedanini ou d'autres pâtes courtes	
200 g (7 oz) de ricotta	
100 g (¾ tasse) de noisettes	
150 ml (⅔ tasse) de bouillon de poulet	
sel et poivre du moulin	

1. Dans une grande poêle, blanchir le brocoli avant de le faire sauter de 3 à 4 minutes dans l'huile d'olive avec l'ail. Réserver.
2. Faire bouillir suffisamment d'eau salée pour y cuire les pâtes.
3. Pendant ce temps, passer au mélangeur la ricotta, les noisettes et le bouillon pour obtenir une sauce riche. Saler et poivrer au goût.
4. Remettre la poêle de brocoli sur le feu doux et y ajouter les pâtes cuites et la sauce. Bien enrober les pâtes de sauce et servir.

TRUC Pour retirer facilement la membrane brune qui recouvre les noisettes, enfournez-les sur une plaque 15 minutes à 175 °C (350 °F)
• Déposez-les ensuite sur un linge à vaisselle, repliez le linge et frottez les noisettes les unes contre les autres.

Costolette d'agnello con tapenade di nocciole

Côtelettes d'agneau grillées et tapenade de noisettes

INGRÉDIENTS   6 personnes

100 g (¾ tasse) de noisettes, écalées et rôties

60 g (½ tasse) d'olives vertes, dénoyautées

15 ml (1 c. à soupe) de câpres

1 gousse d'ail, pelée

15 ml (1 c. à soupe) de basilic, haché

5 ml (1 c. à thé) d'origan séché

30 ml (2 c. à soupe) de persil italien

zeste de 1 citron

120 ml (½ tasse) d'huile d'olive

sel et poivre noir du moulin

18 côtelettes d'agneau

1. Combiner au robot culinaire les noisettes, les olives, les câpres, l'ail, le basilic, l'origan, le persil et le zeste de citron. Pendant que l'appareil est en marche, incorporer doucement l'huile d'olive pour obtenir une pâte épaisse. Saler et poivrer au goût. Réserver.

2. Saler et poivrer les côtelettes d'agneau généreusement des deux côtés.

3. Chauffer le barbecue (ou une poêle à griller) à feu élevé. Badigeonner l'agneau d'un peu d'huile d'olive et le saisir des deux côtés. Retourner l'agneau une fois seulement et le cuire environ 2 minutes de chaque côté. Retirer les côtelettes du feu et les déposer sur une plaque de cuisson.

4. Garnir chaque côtelette de tapenade. Déposer la plaque de cuisson sur le gril et refermer le couvercle du barbecue. Cuire de 3 à 4 minutes supplémentaires. Retirer la viande du feu et la laisser reposer au moins 5 minutes avant de servir.

>> **TRUC** La tapenade peut aussi être servie en antipasto, sur des croûtons de pain grillé.

Amande

Ce qu'on appelle amande est une « fausse noix », car elle est tirée du noyau d'un fruit. Séchée, l'amande est très courante. Elle entre dans la confection de nombreuses pâtisseries et accompagne souvent le poisson et la volaille. Dans la tradition italienne, on retrouve l'amande dans les fameux biscuits amaretti, notamment, ainsi que dans l'amaretto, un spiritueux bien connu. Comme les amandes broyées ou tranchées ne se conservent pas très bien, il est préférable de les acheter entières et de les transformer au moment de les apprêter.

Amaretti

INGRÉDIENTS	36 biscuits
500 g (3 ⅛ tasses) d'amandes broyées	
4 blancs d'œufs	
zeste de 2 citrons	
180 ml (¾ tasse) de sucre	
36 amandes entières blanchies	

1. Préchauffer le four à 160 °C (320 °F). Couvrir le fond de deux plaques à biscuits avec du papier parchemin.
2. Dans un grand bol, battre les amandes broyées, les blancs d'œufs, le zeste de citron et le sucre avec une cuillère de bois, jusqu'à ce que le mélange soit bien amalgamé.
3. Façonner des boules de pâte à biscuit ayant approximativement la grosseur d'une balle de golf. Aplatir légèrement les biscuits sur la plaque en gardant environ 5 cm (2 po) d'espace entre chacun d'eux. Presser une amande entière dans la pâte au centre de chaque biscuit.
4. Cuire de 25 à 30 minutes, ou jusqu'à ce que les biscuits deviennent dorés. Laisser reposer les biscuits quelques minutes sur la plaque avant de les transférer sur une grille pour qu'ils refroidissent complètement.

• Pour des biscuits au chocolat : remplacer le zeste de citron par 30 ml (2 c. à soupe) de cacao. Pour des biscuits à la pistache : remplacer la moitié des amandes par des pistaches broyées et retirer le zeste de la préparation.

TRUC On peut doubler la recette d'amarettis et les conserver jusqu'à 2 semaines dans un contenant hermétique • Mais ils sont si bons que ce serait surprenant qu'ils y restent aussi longtemps !

Tagliata radicchio e mandorle

Tagliata au radicchio et aux amandes

INGRÉDIENTS	4 à 6 personnes

60 ml (4 c. à soupe) d'huile d'olive

15 ml (1 c. à soupe) de flocons de piment fort

30 ml (2 c. à soupe) de romarin, haché finement

15 ml (1 c. à soupe) d'origan séché

5 gousses d'ail, hachées finement

1,5 kg (3 ⅓ lb) de côte de bœuf sur l'os, soit une tranche de 5 à 7 cm (2 à 3 po) d'épaisseur

sel et poivre du moulin

300 g (4 tasses) de radicchio, en lanières

vinaigre balsamique blanc

30 g (¼ tasse) d'amandes en tranches, rôties

copeaux de parmesan

15 ml (1 c. à soupe) de persil italien, haché finement

1. Dans un bol, mélanger l'huile d'olive, le piment fort, le romarin, l'origan et l'ail pour former une marinade.
2. Déposer le steak sur une assiette et l'enduire de marinade des deux côtés. Couvrir l'assiette de pellicule plastique et placer la viande 24 heures au frigo. Sortir la viande 1 heure avant de la cuire et la laisser reposer à la température ambiante.
3. Chauffer le barbecue à feu élevé et huiler le gril.
4. Saler et poivrer la pièce de viande et la déposer sur la partie la plus chaude du gril. Fermer le couvercle et cuire de 20 à 25 minutes, en retournant la viande toutes les 5 minutes. (Pour obtenir une cuisson « médium-saignant », la température doit être de 57 °C [135 °F] au cœur de la pièce.)
5. Transférer la viande sur une assiette de service et la couvrir de papier d'aluminium. Laisser reposer une quinzaine de minutes avant de couper.
6. Pendant ce temps, mouiller le radicchio avec un peu d'huile d'olive et du vinaigre balsamique blanc. Saler au goût.
7. Dresser la salade de radicchio sur une assiette de service, et la garnir avec les amandes et quelques copeaux de parmesan. Couper la viande en tranches de 1 ½ cm (¾ po) et les disposer sur la salade. Garnir le tout d'une pincée de piment fort, de persil haché et d'un filet d'huile d'olive, et servir.

TRUC La savoureuse marinade de la tagliata peut également être utilisée pour le poulet ou le porc.

« La soupe aux lentilles de Cristina est un excellent souvenir »

Les LÉGUMINEUSES

Les jeunes Italiens ont parfois de la difficulté à quitter le giron familial. C'est cliché, mais la dévouée *mamma* fait impeccablement la lessive et prépare un bon repas chaud tous les soirs. C'est pourquoi, à 21 ans, on me trouvait bien jeune pour partir de la maison. J'avais toutefois un avantage certain : je savais déjà cuisiner. De plus, ma coloc était ma sœur Cristina, qui n'était peut-être pas très expérimentée à l'époque, mais qui avait le potentiel pour devenir la cuisinière exceptionnelle qu'elle est aujourd'hui. Question de respecter notre budget d'étudiants, le week-end, nous préparions de grosses quantités de nourriture en prévision de la semaine suivante. La soupe aux lentilles de Cristina est d'ailleurs un excellent souvenir de cette période. C'est là que j'ai découvert que les légumineuses bien apprêtées sont fantastiques, car, en plus d'être très abordables, elles sont vraiment nourrissantes. Dans un monde où les défis alimentaires sont nombreux et où la réduction de notre consommation de viande est un choix sensé, nous avons tout avantage à les intégrer le plus possible à notre alimentation.

Haricots cannellini

Très populaires en Toscane, ces haricots blancs s'apparentent à la fève des marais, communément appelée «gourgane» au Québec. Extrêmement nourrissants, ils contiennent beaucoup de protéines, et on les surnomme parfois *la carne dei poveri* – «la viande des pauvres». On fait tremper les fèves séchées toute une nuit avant de les cuire, car cela permet d'en extraire certains sucres complexes indigestes (les oligosaccharides) et prévient l'éclatement des fèves pendant la cuisson. On raccourcit le processus de trempage à une heure en versant de l'eau bouillante sur les fèves. Ensuite, on rince les fèves et on les cuit une heure ou deux, jusqu'à tendreté.

Risotto con cannellini e cacciatorini

Risotto aux haricots cannellini et saucissons

INGRÉDIENTS	4 personnes
30 ml (2 c. à soupe) d'huile d'olive	
15 ml (1 c. à soupe) de beurre	
1 oignon, haché	
1 poireau, haché	
2 petits saucissons séchés cacciatore, en dés	
400 g (14 oz) de riz carnaroli ou arborio	
240 ml (1 tasse) de vin rouge	
200 g (7 oz) de haricots cannellini, cuits et égouttés	
1 l (4 ⅛ tasses) de bouillon de bœuf, chaud	
environ 25 g (3 ou 4 c. à soupe) de fromage asiago, râpé	
poivre du moulin	

1. Dans une casserole moyenne, chauffer l'huile d'olive et le beurre.
2. Ajouter l'oignon et le poireau, et les faire revenir jusqu'à ce qu'ils deviennent translucides.
3. Incorporer le saucisson et poursuivre la cuisson de 2 à 3 minutes.
4. Ajouter le riz en remuant bien pour enrober. Laisser cuire de 1 à 2 minutes.
5. Déglacer avec le vin rouge et laisser évaporer complètement
6. Incorporer les haricots et deux louches de bouillon chaud. Poursuivre la cuisson à feu moyen, jusqu'à ce que le bouillon soit presque totalement évaporé.
7. Rajouter une petite quantité de bouillon à la fois, jusqu'à ce que le riz soit *al dente*.
8. Quand le riz est à point, assaisonner le risotto de poivre du moulin. Ajouter le fromage asiago et une noix de beurre en remuant bien pour enrober. Servir immédiatement.

» **TRUCS** Pour un risotto parfait, il faut utiliser un riz de bonne qualité (qu'on paie habituellement entre 8 et 10 dollars le kilo) • Un bouillon maison donne toujours plus de saveur • Il faut aussi lier le risotto avec une généreuse quantité d'asiago ou de parmesan fraîchement râpé • La combinaison de ces trois éléments mène à l'excellence !

Crostini con pomodori al forno e cipollini

Croûtons de tomates rôties et d'oignons cipollini

INGRÉDIENTS	4 portions
450 g (1 lb) d'oignons cipollini, pelés	
450 g (1 lb) de petites tomates cerises	
60 ml (4 c. à soupe) d'huile d'olive	
gros sel	
4 tranches épaisses de pain campagnard	
1 gousse d'ail, pelée	
1 conserve de 398 ml (14 oz) de haricots cannellini blancs, égouttés et rincés	
4 ou 5 feuilles de basilic, hachées finement	

1. Préchauffer le four à 200 °C (400 °F).
2. Disposer les oignons pelés et les tomates cerises sur une plaque de cuisson. Napper le tout d'un filet d'huile d'olive et de quelques bonnes pincées de gros sel. Remuer pour bien enrober.
3. Enfourner 40 minutes environ, en retournant les oignons et les tomates toutes les 10 minutes à l'aide d'une spatule.
4. Juste avant de sortir la plaque, placer les tranches de pain sur la grille supérieure du four et les laisser griller légèrement.
5. Tout sortir du four. Frotter la gousse d'ail sur les tranches de pain pendant qu'elles sont encore chaudes. Mettre le pain sur une assiette de service.
6. Répartir les haricots également sur chaque tranche de pain. Gratter la plaque de cuisson encore chaude avec une spatule et verser tout son contenu sur les croûtons.
7. Garnir les croûtons de basilic et servir en collation ou comme accompagnement.

TRUC Si vous ne trouvez pas d'oignons cipollini chez votre épicier, vous pouvez utiliser des oignons perlés (rouges ou blancs).

Lentilles

À l'exception des fèves de soya, les lentilles sont les légumineuses ayant le plus haut taux de protéines, soit près de 25 %, et c'est pourquoi elles étaient traditionnellement très populaires pendant le carême. On les utilise pour la préparation de purées pour bébés très nourrissantes, et une coutume consiste à les manger le soir du Nouvel An, car elles auraient la particularité de porter chance. En Italie, les lentilles de l'Ombrie sont les plus reconnues, surtout celles de la ville de Castelluccio. Elles s'intègrent aux salades et forment un duo classique aux côtés du porc ou de l'agneau. Il n'est pas nécessaire de faire tremper les lentilles avant de les cuire.

Rigatoni con polpette di lenticchie
Rigatoni et boulettes aux lentilles

INGRÉDIENTS   4 personnes

300 g (1 ½ tasse) de lentilles

1,5 l d'eau

120 ml (½ tasse) de chapelure

50 g (½ tasse) de parmesan, râpé

100 g (¾ tasse) de noix,
grillées et hachées grossièrement

2,5 ml (½ c. à thé) de poudre de piment
fort (ou de cari)

30 ml (2 c. à soupe) de persil italien,
haché

2 œufs

huile d'olive

1 oignon, haché

2 conserves de 398 ml (14 oz)
de tomates en dés

400 g (14 oz) de rigatoni

1. Cuire d'abord les lentilles 1 h 15 dans 1,5 l d'eau salée (il faudra peut-être ajouter un peu d'eau pendant la cuisson). Il est normal que les lentilles soient un peu trop cuites. Les égoutter dans une passoire et laisser refroidir.

2. Dans un grand bol, combiner la chapelure, le parmesan, les noix, la poudre de piment fort, le persil, les lentilles et les œufs. Bien mélanger et façonner de petites boulettes d'environ 2 cm (1 po) de diamètre.

3. Dans une poêle à frire, chauffer de l'huile d'olive et y cuire délicatement toutes les boulettes, jusqu'à ce qu'elles soient bien dorées. Assécher les boulettes sur du papier absorbant. Réserver.

4. Porter suffisamment d'eau salée à ébullition pour y cuire les pâtes *al dente*.

5. Dans une grande sauteuse, chauffer encore un peu d'huile d'olive pour y faire revenir l'oignon à feu moyen. Ajouter ensuite les tomates en dés et laisser mijoter de 8 à 10 minutes. Déposer délicatement les boulettes dans la sauce et poursuivre la cuisson environ 5 minutes.

6. Incorporer les pâtes cuites à la sauce. Bien mélanger et servir.

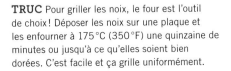

TRUC Pour griller les noix, le four est l'outil de choix! Déposer les noix sur une plaque et les enfourner à 175 °C (350 °F) une quinzaine de minutes ou jusqu'à ce qu'elles soient bien dorées. C'est facile et ça grille uniformément.

Zuppa d'orzo e lenticchie

Soupe à l'orge et aux lentilles

INGRÉDIENTS   4 personnes

45 ml (3 c. à soupe) d'huile d'olive

1 oignon moyen, en petits dés

1 carotte, en petits dés

1 tige de céleri, en petits dés

chair de 1 saucisse italienne piquante au fenouil

sel et poivre du moulin

environ 155 g (¾ tasse) d'orge perlé, rincé

environ 140 g (¾ tasse) de lentilles, rincées

120 ml (½ tasse) de vin blanc

480 ml (2 tasses) de bouillon de poulet

480 ml (2 tasses) d'eau

croûte de parmesan (facultatif)

1. Chauffer l'huile d'olive à feu moyen dans un faitout et y cuire l'oignon, la carotte et le céleri environ 5 minutes.

2. Ajouter la chair de saucisse et poursuivre la cuisson 5 minutes. Saler et poivrer.

3. Ajouter l'orge et les lentilles et déglacer avec le vin blanc. Cuire jusqu'à ce que le vin se soit complètement évaporé.

4. Incorporer le bouillon de poulet et l'eau (à ce point, ajouter la croûte de parmesan, le cas échéant). Porter lentement à ébullition, réduire à feu doux et laisser cuire une trentaine de minutes, jusqu'à ce que la soupe ait une belle épaisseur. L'orge et les lentilles doivent être tendres.

5. Retirer du feu et assaisonner de sel et de poivre au goût. Garnir chaque bol de soupe d'un filet d'huile d'olive de bonne qualité et de poivre du moulin.

TRUCS J'ai choisi d'utiliser de l'orge perlé, car son temps de cuisson est sensiblement le même que celui des lentilles • À défaut d'avoir de l'orge, vous pourriez aussi opter pour du riz.

Pois chiches

Riches en zinc, en fibres et en protéines, les pois chiches sont connus sur le territoire de l'Italie depuis l'âge du bronze, et le poète romain Horace y faisait déjà référence au Ier siècle, en les décrivant comme la nourriture des paysans. En mai, on peut manger les pois chiches frais, alors qu'ils sont d'un vert éclatant et qu'ils possèdent un goût légèrement citronné. Leur saveur typique se marie bien aussi avec les pâtes et un grand nombre d'autres aliments. On fait tremper les pois chiches séchés une nuit durant et, surtout, on les cuit dans une bonne quantité d'eau, car ils ont tendance à en absorber beaucoup pendant la cuisson.

Farinata

INGRÉDIENTS	28 cm (11 po)
130 g (1 tasse) de farine de pois chiche	
2,5 ml (½ c. à thé) de sel	
300 ml (1 ¼ tasse) d'eau	
2,5 ml (½ c. à thé) de romarin, haché finement	
1 pincée de flocons de piment fort	
60 ml (4 c. à soupe) d'huile d'olive extra-vierge	
3 tomates mûres de taille moyenne, vidées et coupées en cubes	
1 échalote française, hachée finement	
2 gousses d'ail, hachées finement	
5 artichauts dans l'huile, coupés en quartiers	
50 g (½ tasse) de parmesan, râpé	
poivre du moulin en bonne quantité	

1. Combiner la farine de pois chiche et le sel dans un grand bol. Incorporer l'eau lentement, en fouettant constamment, pour former une pâte onctueuse.
2. Couvrir la pâte et la laisser reposer à la température ambiante 30 minutes avant d'y ajouter le romarin et les flocons de piment fort.
3. Préchauffer le four à 200 °C (400 °F).
4. Chauffer la moitié de l'huile d'olive dans une poêle antiadhésive de 28 cm (11 po) de diamètre allant au four. Mélanger la pâte de pois chiche une dernière fois avant de l'étendre uniformément au fond de la poêle.
5. Verser le reste de l'huile d'olive sur la pâte et la cuire de 2 à 3 minutes à feu moyen-élevé, jusqu'à ce que le fond soit bien doré et croustillant (le dessus de la pâte devrait aussi figer presque entièrement). Crever les bulles d'air se formant sur la pâte avec la pointe du couteau.
6. Garnir la farinata avec les tomates, l'échalote, l'ail, les artichauts et le parmesan pour former une sorte de pizza. Assaisonner de poivre généreusement. Enfourner de 4 à 5 minutes et finir la cuisson sous le gril du four, jusqu'à ce que la farinata soit bien dorée et croustillante. Servir immédiatement.

Polipo in insalata con ceci e finocchi

Salade de pieuvre aux pois chiches et au fenouil

INGRÉDIENTS   4 personnes

1 pieuvre d'environ 1 kg (2 ¼ lb), nettoyée, la poche d'encre enlevée

1 carotte entière

2 branches de céleri entières

1 oignon entier

2 feuilles de laurier

100 g (¾ tasse) de fèves gourganes

150 g (2 ¼ tasses) de pois chiches en conserve, rincés et égouttés

1 fenouil, tranché finement

2 branches de thym, hachées finement

sel

1 pincée de poivre rose en grains, broyé au mortier

jus de 1 citron

60 ml (4 c. à soupe) d'huile d'olive

1. Porter la pieuvre, la carotte, le céleri, l'oignon et les feuilles de laurier à ébullition dans une grande marmite d'eau salée. Poursuivre la cuisson à couvert, à feu doux-moyen, pendant 1 heure.

2. Pendant ce temps, écosser les gourganes et les blanchir de 2 à 3 minutes dans l'eau bouillante salée. Égoutter les gourganes et retirer la membrane qui les recouvre. Réserver.

3. Retirer la marmite du feu et laisser la pieuvre refroidir dans l'eau de cuisson.

4. Quand la pieuvre est tiède, couper les tentacules et retirer la peau qui les recouvre. Trancher ensuite les tentacules et la tête en rondelles.

5. Dans un grand bol, combiner la pieuvre, les pois chiches, les fèves gourganes, le fenouil et le thym. Saler et bien mélanger.

6. Ajouter le poivre rose et le jus de citron. Incorporer l'huile d'olive en remuant bien. Rectifier la quantité de sel au besoin et servir.

TRUC La cuisson de la pieuvre est ici la clef de la réussite • Deux points importants : faire mijoter la pieuvre à petit frémissement et non à gros bouillons ; vérifier la tendreté de la chair avec la pointe d'un couteau.

« DANS MA FAMILLE, CETTE TRADITION DEMEURE BIEN VIVANTE »

Les POISSONS EN CONSERVE

Il faut remonter à l'époque « pré-réfrigérée » pour comprendre l'importance du poisson en conserve dans la tradition italienne. Il fut un temps où les pêcheurs devaient fumer, sécher ou saler leurs prises pour les conserver plus longtemps, ou encore les mettre dans l'huile ou dans la saumure. Toutes ces façons de faire se sont retrouvées dans l'assiette. Dans ma famille, cette tradition demeure bien vivante dans la délicieuse sauce puttanesca aux anchois de ma mère, Elena, ou dans les nombreux plats qu'elle prépare avec de la morue salée, particulièrement lors des journées de fête. Pour sa part, mon père, Mattia, a un faible pour les conserves de thon dans l'huile, qu'il intègre à toutes sortes de recettes, avec certains résultats plus heureux que d'autres ! C'est dans ce répertoire varié que j'ai puisé pour ce chapitre. Chose certaine, apprêter la morue salée demande un peu de travail, et le goût prononcé des anchois s'acquiert avec le temps. Que voulez-vous ? C'est la vie. Je me console en me disant que le thon en boîte est un aliment rassembleur qui, de temps en temps, sauve la mise dans toutes les cuisines.

Thon

Le thon dans l'huile demeure irremplaçable dans plusieurs plats de la tradition italienne. C'est habituellement du thon blanc qu'on trouve en conserve, et, pour de bons résultats, il importe de choisir un produit de qualité. Dans le nord du pays, on retrouve souvent le thon en conserve dans les salades de riz, tandis que, dans le sud, il est plutôt intégré dans les sauces pour les pâtes. Partout, c'est l'ingrédient parfait des sandwichs et des rouleaux farcis.

Vitello tonnato
Rôti de veau au thon

INGRÉDIENTS   4 à 6 personnes

2 l d'eau

15 ml (1 c. à soupe) de sel

12 grains de poivre noir

2 feuilles de laurier

3 feuilles de sauge

2 carottes, coupées en deux
sur la longueur

1 petit oignon

1 branche de céleri, coupée en deux
sur la longueur

1 tige de romarin frais

1 rôti de veau de 1 kg (2 ¼ lb) ficelé avec
de la corde de boucherie

15 ml (1 c. à soupe) de moutarde
de Dijon

1 jaune d'œuf

240 ml (1 tasse) d'huile d'olive

150 g (5 ¼ oz) de thon en conserve,
égoutté et haché

30 ml (2 c. à soupe) de câpres,
hachées grossièrement

30 ml (2 c. à soupe) de jus de citron frais

3 filets d'anchois, émincés

sel et poivre du moulin au goût

un peu de persil plat (pour la garniture)

zeste de citron (pour la garniture)

1. Verser l'eau dans un faitout et y ajouter le sel, les grains de poivre, les feuilles de laurier, la sauge, les carottes, l'oignon, le céleri et le romarin. Porter à ébullition.

2. Quand l'eau bout, y plonger le veau et baisser l'intensité du feu. Cuire à couvert à petit frémissement une quarantaine de minutes (ou jusqu'à ce qu'un thermomètre indique 60 °C [135 °F] au cœur de la pièce de viande). Déposer le veau sur une assiette, couvrir de papier d'aluminium et laisser refroidir.

3. À l'aide d'une écumoire, sortir les carottes et le céleri du bouillon pour les déposer sur une planche et les couper en petits cubes. Réserver les cubes. Jeter le bouillon de cuisson.

4. Fouetter la moutarde et le jaune d'œuf dans un petit bol pour les émulsionner. Toujours en fouettant, ajouter l'huile d'olive en filet (qui doit s'émulsionner à mesure). Fouetter jusqu'à l'obtention d'une mayonnaise épaisse et crémeuse. Réserver.

5. Dans un autre bol, mélanger le thon, les câpres, le jus de citron et les anchois. Combiner la mayonnaise et le mélange de thon. Saler et poivrer légèrement.

6. Quand le rôti est à la température ambiante (ou même froid), couper des tranches minces et les disposer sur une assiette de service. Garnir le veau de mayonnaise au thon. Décorer le plat avec la carotte et le céleri hachés, ainsi qu'avec des câpres, du persil et du zeste de citron.

TRUC Si vous avez des restes, vous pourrez faire des sandwichs avec la mayonnaise au thon et un peu de roquette, et le tour sera joué !

Gigli al tonno e zucchine

Gigli au thon et à la courgette

INGRÉDIENTS 4 personnes

400 g (14 oz) de gigli ou d'autres pâtes courtes

45 ml (3 c. à soupe) d'huile d'olive

2 gousses d'ail entières, écrasées

2,5 ml (½ c. à thé) de flocons de piment fort

2 courgettes, en juliennes

2 conserves de 200 g (7 oz) de thon dans l'huile, égoutté

15 ml (1 c. à soupe) de câpres, hachées

sel et poivre du moulin

zeste de 1 citron

1. Cuire les pâtes dans une bonne quantité d'eau salée.
2. Pendant ce temps, chauffer l'huile d'olive dans une poêle et y déposer les gousses d'ail écrasées et les flocons de piment fort. Faire revenir 1 minute.
3. Retirer les gousses d'ail de la poêle et y ajouter les courgettes. Laisser cuire 2 minutes.
4. Ajouter les deux conserves de thon et les câpres en remuant bien. Saler et poivrer.
5. Égoutter les pâtes *al dente* et les transférer dans la poêle. Bien mélanger.
6. Ajouter le zeste de citron à la toute fin. Rectifier l'assaisonnement et servir.

TRUC Lorsque je cuisine avec du thon en conserve, je choisis toujours le thon dans l'huile, qui est plus goûteux et moins sec.

Traditionnellement, on salait les anchois pour les conserver, ou on les trempait dans l'huile, ce qui leur conférait (et leur confère toujours!) un goût puissant. Les amateurs sont d'avis que les anchois salés sont supérieurs aux anchois dans l'huile. Appelée *garum* en latin, la sauce d'anchois fermentés était très populaire dans la cuisine romaine, et la sauce Worcestershire que nous consommons aujourd'hui en est une version moderne adoucie et moins aromatique. Il vaut toujours mieux acheter les anchois dans un bocal en verre plutôt que dans une conserve de métal, car le verre permet de voir le produit et oblige les fabricants à un minimum de qualité.

Purea di patate con salsa tapenade

Pommes de terre en purée et tapenade d'anchois aux olives noires

INGRÉDIENTS   **4 entrées**

800 g (1 ¾ lb) de pommes de terre Yukon Gold

150 g (⅓ lb) d'olives noires, dénoyautées

1 demi-gousse d'ail

35 ml (2 ¼ c. à soupe) de câpres

4 filets d'anchois

10 ml (2 c. à thé) de pâte de tomates

240 ml (1 tasse) de lait

60 ml (4 c. à soupe) d'huile d'olive

un peu de persil italien, haché grossièrement, ou jeunes pousses, au goût

1. Nettoyer les pommes de terre et les plonger dans une marmite d'eau froide bien salée. Porter l'eau à ébullition et cuire environ 30 minutes (en fonction de la taille des pommes de terre).
2. Pendant ce temps, passer les olives, l'ail, les câpres et les anchois au robot culinaire pour obtenir une sorte de pâte ressemblant à un pesto.
3. Verser la tapenade d'anchois dans un bol et y ajouter la pâte de tomates par petites quantités, en l'incorporant bien. Réserver.
4. Chauffer le lait. Réserver.
5. Peler les pommes de terre cuites et les déposer dans un grand bol. À l'aide d'une fourchette, les réduire en purée grossière en y incorporant le lait chaud. Ajouter l'huile d'olive et bien mélanger. Réserver.
6. Badigeonner d'huile d'olive des emporte-pièces ronds (ou de la forme de votre choix) pour obtenir des portions individuelles. Dans chaque emporte-pièce, étendre une couche de purée de pommes de terre (en la pressant doucement), recouvrir d'une couche de tapenade et compléter avec une seconde couche de purée.
7. Retirer les emporte-pièces. Garnir de persil ou de pousses fraîches et d'un filet d'huile d'olive.

>>

TRUCS Pour une purée réussie, j'utilise toujours des pommes de terre Yukon Gold, que je fais bouillir avec la peau • Je les pèle et les pile ensuite, en y ajoutant soit de l'huile d'olive et du lait, soit du beurre et de la crème 35 % • N'utilisez pas les pommes de terre nouvelles, car elles ont tendance à donner une purée collante.

Pizza Napoli
Pizza aux anchois

INGRÉDIENTS   30 × 45 cm (12 × 18 po)

PÂTE

300 ml (1 ¼ tasse) d'eau tiède

5 ml (1 c. à thé) de sucre

30 g (3 c. à soupe) de levure de bière

325 g (2 ½ tasses) de farine « 00 »

65 g (½ tasse) de semoule de blé

5 ml (1 c. à thé) de sel

GARNITURE

65 g (½ tasse) de tomates, en dés

1 pincée d'origan séché

7 filets d'anchois, hachés

15 ml (1 c. à soupe) de câpres, hachées

1 mozzarella di bufala, en tranches

30 ml (2 c. à soupe) d'huile épicée (facultatif)

1. Dans un petit bol, verser l'eau sur le sucre et la levure pour les dissoudre.
2. Dans un autre bol, mélanger la farine, la semoule et le sel. Verser le mélange de levure dans les ingrédients secs. Former une boule de pâte et la pétrir de 5 à 7 minutes.
3. Laisser reposer la boule de pâte 30 minutes à la température ambiante, dans un bol couvert d'un linge à vaisselle. La pâte devrait doubler de volume.
4. Presser la pâte gonflée avec les doigts pour en faire sortir le plus d'air possible. Refaire une boule de pâte et la laisser reposer à couvert 30 minutes supplémentaires.
5. Préchauffer le four à 230 °C (450 °F).
6. Abaisser la pâte au rouleau et la déposer sur une plaque à pizza huilée.
7. Étendre les tomates sur la pâte et y ajouter dans l'ordre : l'origan, les anchois, les câpres et la mozzarella. Enfourner la pizza de 15 à 20 minutes, ou jusqu'à ce que la croûte soit bien dorée.
8. Garnir la pizza cuite d'un filet d'huile épicée et servir.

TRUCS Pour apprécier les anchois, il est important de choisir les bons ! Prenez ceux dans l'huile, qu'on trouve dans les réfrigérateurs et non sur les tablettes • Pour la pâte, choisissez la semoule très fine qu'on utilise pour la préparation des pâtes fraîches.

Morue salée

Comme la chair de la morue contient très peu de matières grasses, la salaison est la meilleure façon de conserver ce poisson. Traditionnellement, on salait la morue près de la mer, et le soleil et le vent se chargeaient de l'assécher. Avant de cuisiner la morue salée, il faut la laisser tremper de vingt-quatre à trente-six heures au moins, et changer l'eau toutes les huit heures, pour que le goût de sel ne soit pas trop prononcé. La morue salée est très polyvalente et peut être braisée, frite ou même grillée sur le barbecue.

Baccala' e cavolfiori

Morue et chou-fleur

INGRÉDIENTS	4 à 6 personnes

500 g (1 à 1 ¼ lb) de morue salée

75 ml (5 c. à soupe) d'huile d'olive extra-vierge

1 petit oignon, en dés

1 tige de céleri, en dés

2 gousses d'ail, émincées

1 pincée de graines de fenouil

1 demi chou-fleur, les bourgeons parés

120 ml (½ tasse) de vin blanc sec

200 ml (⅞ tasse) de tomates, en dés

30 ml (2 c. à soupe) de persil, haché

sel et poivre du moulin

65 g (½ tasse) de farine tout usage

1. Dessaler d'abord la morue en la laissant tremper de 36 à 48 heures dans l'eau froide. Changer l'eau toutes les 8 ou 10 heures. (Plus la morue trempera longtemps, moins elle sera salée.)

2. Déposer la morue dans une casserole et la couvrir d'eau froide. Porter à ébullition et pocher la morue de 2 à 3 minutes avant de la sortir délicatement de l'eau. Laisser refroidir la morue et l'assécher avec du papier absorbant. La couper en morceaux grossiers de la taille d'une bouchée. Réserver.

3. Chauffer 3 c. à soupe d'huile d'olive dans une poêle et y faire revenir doucement l'oignon, le céleri, l'ail et les graines de fenouil pendant quelques minutes.

4. Ajouter le chou-fleur et augmenter l'intensité du feu. Remuer constamment pendant 1 minute et ajouter le vin blanc. Laisser cuire 3 minutes et incorporer les tomates et le persil. Saler et poivrer. Laisser mijoter une dizaine de minutes supplémentaires, jusqu'à ce que le chou-fleur soit à point. Réserver.

5. Fariner légèrement les morceaux de morue. Chauffer 2 c. à soupe d'huile d'olive dans une poêle à frire de taille moyenne. Saisir la morue environ 5 minutes, pour lui donner une belle coloration sur tous les côtés.

6. Disposer le mélange de chou-fleur sur un plat de service et le recouvrir avec la morue poêlée. Garnir de persil haché et d'un filet d'huile d'olive de bonne qualité.

TRUCS Si vous ne trouvez pas de morue salée (ou n'avez pas le temps de la dessaler), choisissez un autre poisson à chair ferme • N'hésitez pas à demander l'avis de votre poissonnier, qui est le mieux placé pour vous conseiller, en fonction des arrivages.

Crochette di baccala' mantecato
Croquettes de brandade frites

INGRÉDIENTS — 30 croquettes

500 g (1 à 1 ¼ lb) de morue salée

250 g (9 oz) de pommes de terre Yukon Gold

480 ml (2 tasses) de lait

2 gousses d'ail, coupées en deux et dégermées

120 ml (½ tasse) d'huile d'olive

15 ml (1 c. à soupe) de persil, haché

5 ml (1 c. à thé) de flocons de piment fort

sel et poivre du moulin

farine

2 œufs battus

chapelure

huile de pépins de raisins ou de canola (pour la friture)

SALSA TARTARA (Sauce tartare)

1 jaune d'œuf

15 ml (1 c. à soupe) de moutarde de Dijon

sel

240 ml (1 tasse) d'huile de tournesol (ou de pépins de raisins)

jus de 1 demi-citron

1 échalote, hachée

15 ml (1 c. à soupe) de câpres, hachées

15 ml (1 c. à soupe) de persil, haché

15 ml (1 c. à soupe) d'estragon, haché

poivre du moulin

1. Dessaler la morue en la laissant tremper de 36 à 48 heures dans l'eau froide. Changer l'eau toutes les 8 ou 10 heures.
2. Cuire les pommes de terre entières et avec la peau, environ 20 minutes, dans l'eau légèrement salée.
3. Couper la morue en gros cubes et la déposer dans une casserole, avec le lait et les gousses d'ail. Dix minutes avant la fin de la cuisson des pommes de terre, pocher la morue en faisant chauffer le lait à petit frémissement. Calculer 10 minutes de cuisson à partir du moment où le lait se met à frémir.
4. Pour monter la brandade, tous les éléments doivent être chauds : peler les pommes de terre ; égoutter la morue et l'ail avec une écumoire ; récupérer 60 ml (¼ tasse) du lait chaud (et jeter le reste).
5. Déposer d'abord la morue dans le bol d'un mélangeur (utiliser le fouet plat). Battre à basse vitesse et ajouter l'ail et les pommes de terre. Augmenter la vitesse du batteur et incorporer l'huile doucement, en filet.
6. Terminer en ajoutant le lait, le persil et le piment fort, en remuant doucement à la main. Saler et poivrer. Laisser reposer 30 minutes au réfrigérateur.
7. Façonner des boulettes de la taille d'une balle de golf et les paner, en les roulant successivement dans la farine, les œufs battus et la chapelure. Pour de meilleurs résultats, passer deux fois chaque boulette dans les œufs et la chapelure.
8. Frire les boulettes dans une huile neutre (comme de l'huile de pépins de raisins ou de canola), jusqu'à ce qu'elles soient bien dorées. Servir les croquettes chaudes, accompagnées de sauce tartare.

SALSA TARTARA
Monter la mayonnaise en émulsionnant le jaune d'œuf, la moutarde et une pincée de sel. Verser ensuite l'huile en filet en fouettant avec régularité. Lorsque la mayonnaise est bien ferme, y incorporer tous les autres ingrédients.

« Vers la mi-janvier, je sens monter en moi l'excitation du saucisson »

La CHARCUTERIE

Les viandes séchées sont vraiment un incontournable de la culture culinaire de l'Italie. Je ne sais pas si c'est l'habitude ou les gènes italiens, mais, vers la mi-janvier, je sens monter en moi l'excitation du saucisson, car je m'apprête à effectuer ma production annuelle de soppresata en compagnie de quelques amis originaires de la Calabre – car le calabrais est le meilleur, c'est connu! Chaque année, nous faisons environ 250 gros saucissons de porc que nous laissons ensuite sécher trois mois. L'attente me semble toujours trop longue, et je suis toujours le premier à finir mes réserves! Y a-t-il quelque chose de meilleur qu'un peu de pain frais, du fromage et des tranches de soppresata? J'ai aussi un faible avoué pour la pancetta et le prosciutto, dans toutes sortes de pâtes, et pour rehausser les pizzas ou les risottos. Mais ma charcuterie préférée demeure la bresaola, la plus maigre d'entre toutes, qui restera toujours pour moi la reine des

Prosciutto crudo

Le prosciutto est l'un des produits les plus connus d'Italie, et sa production est extrêmement contrôlée. Dans les régions réputées de Parme et de San Daniele, par exemple, les porcs utilisés pour sa fabrication sont des espèces régionales protégées. La préparation du prosciutto est un procédé complexe où, sur une période de douze à dix-huit mois, la fesse de porc est successivement pressée, salée et vieillie. Le prosciutto de meilleure qualité a une saveur plus douce et moins salée que celui dont on a accéléré le séchage en utilisant davantage de sel (une pratique courante en Amérique du Nord).

Pasta cremosa con piselli, prosciutto e menta

Pâtes crémeuses aux pois, à la menthe et au prosciutto

INGRÉDIENTS   4 personnes

400 g (14 oz) d'orechiette

45 ml (3 c. à soupe) d'huile d'olive

2 gousses d'ail, émincées

1 poireau, émincé

75 g (2 ⅔ oz) de prosciutto,
en petits dés

sel et poivre du moulin

250 g (1 ¼ tasse) de pois congelés

240 ml (1 tasse) de crème 35 %

25 g (¼ tasse) de parmesan frais, râpé

4 ou 5 feuilles de menthe, hachées

1. Porter une quantité suffisante d'eau salée à ébullition et y cuire les pâtes.
2. Pendant ce temps, dans une poêle à fond épais, chauffer l'huile d'olive à feu moyen et y faire revenir l'ail, le poireau et le prosciutto de 5 à 7 minutes. Saler et poivrer.
3. Ajouter les pois et laisser cuire de 2 à 3 minutes.
4. Incorporer la crème et porter rapidement à ébullition, en remuant constamment pendant que la sauce épaissit. Réduire à feu doux et ajouter le parmesan, en remuant toujours.
5. Lorsque les pâtes sont cuites, les égoutter et les incorporer à la sauce pour bien les enrober. Garnir les pâtes de menthe fraîche et de poivre du moulin.

>> **TRUC** Réservez toujours l'eau ayant servi à cuire les pâtes : si jamais votre sauce devient trop épaisse, vous pourrez la détendre en y ajoutant un peu de cette eau.

Ciabatta agli asparagi, uova e prosciutto

Ciabatta aux asperges, aux œufs et au prosciutto

INGRÉDIENTS   **2 sandwichs**

3 œufs, cuits durs

2 filets d'anchois dans l'huile, hachés finement

5 ml (1 c. à thé) de câpres, hachées finement

zeste de 1 demi-citron

30 ml (2 c. à soupe) d'huile d'olive

30 ml (2 c. à soupe) de mayonnaise

poivre du moulin

2 ciabatta

6 tranches de prosciutto

12 à 14 asperges, blanchies à la vapeur

1. Hacher grossièrement un œuf dur et le transférer dans un bol. Ajouter les anchois, les câpres, le zeste de citron, l'huile d'olive et la mayonnaise. Poivrer et bien mélanger. Réserver.

2. Couper les ciabatta en deux. Étendre 15 ml (1 c. à soupe) de garniture aux anchois sur chaque base de sandwich.

3. Placer trois tranches de prosciutto sur la base des sandwichs. Ajouter 6 ou 7 asperges sur le prosciutto. Trancher finement les deux œufs restants et les répartir sur chaque sandwich. Recouvrir le tout avec ce qui reste de garniture aux anchois. Refermer les sandwichs.

4. Chauffer une poêle striée en fonte. Badigeonner les deux côtés des sandwichs avec un peu d'huile d'olive et les faire griller à la poêle en les écrasant. On peut aussi griller les sandwichs sur le barbecue.

TRUC Voici les ingrédients de ma mayonnaise maison : 15 ml (1 c. à soupe) de jus de citron, 1 jaune d'œuf, 15 ml (1 c. à soupe) de moutarde de Dijon, 1 pincée de sel, 3 gouttes de tabasco et 240 ml (1 tasse) d'huile de canola • Émulsionner tous les ingrédients, sauf l'huile, à l'aide d'un mélangeur à main. Incorporer ensuite l'huile en filet, en mélangeant constamment.

Pancetta

Pour l'obtenir, on roule de la viande de poitrine de porc salée sur elle-même, on assaisonne le tout, et on laisse sécher jusqu'à un mois. On la prépare aussi, parfois, avec la bajoue de l'animal : on l'appelle alors *guanciale*. En Italie, plusieurs variétés régionales bénéficient d'une appellation d'origine contrôlée, comme la pancetta *arrotola* en Calabre et la pancetta *col tocco* en Vénétie. La pancetta *curata*, quant à elle, est séchée à l'air, et on la sert souvent dans les assiettes d'antipasti. On associe générale-ment la pancetta aux pâtes carbonara classiques, mais ses utilisa-tions sont multiples.

Bucatini alla Carbonara

Pâtes carbonara

INGRÉDIENTS   4 personnes

2 œufs entiers

4 jaunes d'œufs

sel et poivre du moulin

400 g (14 oz) de pâtes bucatini

45 ml (3 c. à soupe) d'huile d'olive

75 g (2 ⅔ oz) de pancetta, en lanières

50 g (1 ¾ oz) de prosciutto crudo, en lanières

75 g (⅔ tasse) de fromage pecorino romano, râpé

1. Battre les œufs et les jaunes dans un grand bol de service. Saler et poivrer. Réserver.
2. Cuire les bucatini dans une quantité suffisante d'eau bouillante salée.
3. Pendant ce temps, chauffer l'huile d'olive à feu moyen dans une sauteuse. Ajouter la pancetta et le prosciutto et laisser cuire quelques minutes.
4. Égoutter les pâtes et les mélanger avec la charcuterie. Bien enrober.
5. Transférer les pâtes chaudes dans le bol d'œufs battus et remuer immédiatement (pour donner une cuisson aux œufs).
6. Garnir les pâtes de fromage pecorino et d'une généreuse quantité de poivre du moulin. Servir aussitôt.

TRUC Ce sont des pâtes classiques de la cuisine italienne. Un flou artistique entoure toutefois les quantités et les ingrédients «officiels» ! Pour moi, c'est la recette de dépannage par excellence • Je vous donne ici ma façon de faire et, pour le reste, à vous de jouer !

Hamburger all'italiana

Burger italien

INGRÉDIENTS   6 burgers

400 g (¾ lb) de veau haché

400 g (¾ lb) de porc haché

100 g (3 ½ oz) de pancetta,
en très petits dés

1 demi-oignon, en dés

6 ou 7 tomates séchées dans l'huile,
hachées finement

1 œuf

20 g (3 c. à soupe) de parmesan, râpé

15 ml (1 c. à soupe) de romarin, haché
finement

45 ml (3 c. à soupe) de chapelure

sel et poivre du moulin

huile d'olive

6 pains à hamburgers

12 tranches de fromage robiola ou
camembert

6 petites poignées de roquette

30 ml (2 c. à soupe) de mayonnaise
maison (voir truc p. 124)

1. Dans un grand bol, combiner le veau, le porc, la pancetta, l'oignon, les tomates séchées, l'œuf, le parmesan, le romarin et la chapelure. Saler et poivrer le mélange, et le laisser reposer au réfrigérateur de 2 à 4 heures.

2. Façonner les boulettes et les laisser figer au réfrigérateur 30 minutes.

3. Chauffer le barbecue à feu élevé et en huiler la grille. Badigeonner les boulettes de viande avec de l'huile d'olive et les cuire de 5 à 6 minutes de chaque côté. Éteindre ensuite un côté du barbecue et placer les boulettes sur ce côté, pour qu'elles continuent de cuire à la chaleur indirecte environ 5 minutes.

4. Pendant ce temps, griller les pains sur le côté du barbecue qui est demeuré allumé. Garnir chaque boulette de fromage.

5. Quand tout est cuit, monter les burgers et les garnir de roquette et de mayonnaise maison.

TRUC Utilisez un thermomètre pour vérifier la cuisson au cœur des boulettes : visez 71 °C (160 °F) pour une viande à point et 74 °C (165 °F) pour une viande bien cuite.

Bresaola

Originaire de la région de Valteline, cette spécialité lombarde est préparée à partir de filet de bœuf qu'on laisse sécher de deux à trois mois, ce qui en fait un choix judicieux pour ceux qui sont incapables d'abandonner les plaisirs délicats des charcuteries, mais qui cherchent des moyens de manger un peu moins gras et salé. Traditionnellement, la bresaola était servie en antipasti, garnie tout simplement de poivre noir frais, de jus de citron et d'un filet d'huile d'olive de bonne qualité. Il ne faut pas cuire la bresaola, car la chaleur risque de ruiner complètement sa saveur délicate.

Insalata mista
con bresaola
Salade de bresaola garnie

INGRÉDIENTS	4 personnes
12 tranches de bresaola, coupées en lanières	
240 ml (1 tasse) d'olives noires	
15 ml (1 c. à soupe) de câpres	
480 ml (2 tasses) de haricots de Lima	
480 ml (2 tasses) de tomates cerises, coupées en deux	
480 ml (2 tasses) de céleri-rave, en juliennes	
30 ml (2 c. à soupe) de persil, haché	
90 ml (6 c. à soupe) d'huile d'olive	
30 ml (2 c. à soupe) de vinaigre balsamique	
jus de 1 demi-citron	
sel et poivre du moulin	

Mélanger tous les ingrédients dans un grand bol et laisser reposer 15 minutes avant de servir.

Carpaccio di
bresaola al limone*
Carpaccio de bresaola au citron

INGRÉDIENTS	4 personnes
250 g (½ lb) de bresaola, en tranches minces	
zeste de 1 citron	
poivre du moulin	
45 ml (3 c. à soupe) d'huile d'olive de bonne qualité	

1. Disposer les tranches de bresaola sur une grande assiette de service.
2. Garnir la bresaola du zeste de citron et d'une généreuse quantité de poivre moulu.
3. Verser l'huile d'olive en filet sur la bresaola et servir.

* Photo de la recette à la page 132.

TRUC Si votre boucher n'a pas de bresaola sous la main, remplacez-la par votre charcuterie préférée !

Les agrumes

Escalopes de poulet au thym et au citron – *Scaloppine di pollo al timo e limone*, 13

Sorbet au citron et au basilic – *Sorbetto al limone e basilico*, 14

Sgroppino, 14

Tour à l'orange et à la mozzarina sur salade de fenouil – *Toretta alle arancie e mozzarina su letto di finocchi*, 17

Pets-de-sœur-italienne frits à l'orange – *Girelle fritte all'arancio*, 18

Salade de roquette aux clémentines et aux noisettes – *Insalata di Rucola, clementine e noci*, 21

Mandarinetto, 22

Les verts et feuillus

Ragoût de chou consistant – *Cassoeula Semplice*, 27

Focaccia farcie au chou et au prosciutto – *Focaccia verza e prosciutto*, 28

Pâtes ricotta, épinards et noix de pin – *Pasta con ricotta, spinaci e pinoli*, 31

Gâteau de frittatas – *Torta di Frittate*, 32

Frittata aux pommes de terre, 32

Frittata aux épinards, 32

Straciatella à la chicorée – *Stracciatella alla cicoria*, 35

Antipasto Marchigiano, 36

Chicorée strascinata – *Cicoria strascinata*, 36

Crescia, 36

La tomate

Ragoût de poisson – *Ragù di pesce*, 41

Tarte de tomates – *Torta salata ai pomodori*, 42

Côtes de porc en sauce tomate – *Costine e Sugo*, 45

Spaghetti aux courgettes, aux tomates séchées et au yogourt – *Spaghetti alle zucchine, pomodori secchi e yogurt*, 46

Rouleaux d'aubergine farcis – *Involtini di Melanzane*, 49

Les épices

Soupe de chou-fleur et crevettes aux graines de fenouil – *Zuppa di cavolfiore, gamberetti e semi di finocchio*, 53

Taralli au fenouil – *Taralli al finocchio*, 54

Pâtes safranées aux asperges et à la pancetta – *Pasta agli asparagi, pancetta e zafferano*, 57

Huîtres épicées au safran – *Ostriche piccanti allo zafferano*, 58

Farfalle piquantes aux carottes, au brocoli et au basilic – *Farfalle piccantine con carote, broccoli e basilico*, 61

Pâtes aux champignons sauvages, au persil et au mascarpone – *Pasta ai funghi selvatici, prezzemolo e mascarpone*, 62

Les céréales

Lasagne aux fruits de mer – *Lasagne ai frutti di mare*, 67

Gnocchis aux épinards et sauce aux poivrons – *Gnocchi verdi con salsa ai peperoni*, 68

Risotto au poireau et au speck – *Risotto ai porri e speck*, 71

Pouding au riz arborio – *Budino di riso*, 72

Polenta farcie – *Polenta ripiena*, 75

Frites de polenta et trempette aux poivrons – *Tocchetti fritti di polenta con salsina di peperone rosso*, 76

Trempette Romesco, 76

Les noix

Pain aux noix et à la betterave – *Pane alla barbabietola e noci*, 81

Tartelettes à l'orange, au fenouil et aux noix – *Crostatine all'arancia, semi di finocchio e noci*, 82

Pâtes au brocoli, sauce à la ricotta et aux noisettes – *Pasta ai broccoli con salsa alla ricotta e nocciole*, 85

Côtelettes d'agneau grillées et tapenade de noisettes – *Costolette d'agnello con tapenade di nocciole*, 86

Amaretti, 89

Tagliata au radicchio et aux amandes – *Tagliata radicchio e mandorle*, 90

Les légumineuses

Risotto aux haricots cannellini et saucissons – *Risotto con cannellini e cacciatorini*, 95

Croûtons de tomates rôties et d'oignons cipollini – *Crostini con pomodori al forno e cipollini*, 96

Rigatoni et boulettes aux lentilles – *Rigatoni con polpette di lenticchie*, 99

Soupe à l'orge et aux lentilles – *Zuppa d'orzo e lenticchie*, 100

Farinata, 103

Salade de pieuvre aux pois chiches et au fenouil – *Polipo in insalata con ceci e finocchi*, 104

Les poissons en conserve

Rôti de veau au thon – *Vitello tonnato*, 109

Gigli au thon et à la courgette – *Gigli al tonno e zucchine*, 110

Pommes de terre en purée et tapenade d'anchois aux olives noires – *Purea di patate con salsa tapenade*, 113

Pizza aux anchois – *Pizza Napoli*, 114

Morue et chou-fleur – *Baccala' e cavolfiori*, 117

Croquettes de brandade frites – *Crochette di baccala' mantecato*, 118

Sauce tartare – *Salsa Tartara*, 118

La charcuterie

Pâtes crémeuses aux pois, à la menthe et au prosciutto – *Pasta cremosa con piselli, prosciutto e menta*, 123

Ciabatta aux asperges, aux œufs et au prosciutto – *Ciabatta agli asparagi, uova e prosciutto*, 124

Pâtes carbonara – *Bucatini alla Carbonara*, 127

Burger italien – *Hamburger all'italiana*, 128

Salade de bresaola garnie – *Insalata mista con bresaola*, 131

Carpaccio de bresaola au citron – *Carpaccio di bresaola al limone*, 131

MERCI À VOUS

Je tiens d'abord à remercier quatre personnes sans qui ce livre n'aurait jamais vu le jour, ni la nuit!

Cristina, ma sœur adorée, même si tu vis en Italie, tu es parmi les personnes les plus inspirantes pour moi. Ta créativité en cuisine est inégalable. Nous y sommes parvenus encore une fois! Merci.

Jean-François Boily, mon vieux partenaire, tu es là depuis que j'ai besoin de mots dans ma cuisine. Tes aptitudes et ton dévouement nous ont aidés à mener un autre projet à terme. Tu auras toujours mon soutien, et j'espère que ce sera réciproque! Merci.

Audrey Lessard, notre collaboration en cuisine est récente, mais ton assiduité et ton apport créatif sont déjà inestimables. J'espère que nous pourrons cuisiner ensemble encore longtemps, parce que c'est une chose que j'aime vraiment. Merci.

Alan Humphreys, mon grand ami, ton amour de la cuisine et ton cerveau de chercheur ont encore une fois été d'une très grande utilité. J'ai encore plus de respect qu'avant pour ta collection d'un milliard de livres de recettes! Merci.

Merci, Isabelle, ma merveilleuse conjointe, d'être aussi patiente et compréhensive à l'égard de mes nombreux projets... surtout lorsqu'ils débarquent à la maison avec une caméra! Tu es vraiment l'ancrage de notre famille, et je ne sais pas ce que je ferais sans toi. Merci aussi à Emilia, notre fille, qui commence déjà à faire des crêpes le matin et qui mange tout ce que nous lui offrons. Merci à ma mère, Elena, la première femme de ma vie, qui a su me transmettre sa passion pour la cuisine!

Merci à tous les autres membres de ma famille et à mes amis, qui me soutiennent depuis mes débuts. Vous êtes une excellente source de motivation et m'aidez à me retrouver quand les choses me dépassent. Merci pour votre complicité.

Merci à Caroline Gaudreault, dont les photos magnifiques ont su mettre en image mon amour de la cuisine. Il s'agissait d'une première expérience du genre pour toi, mais j'étais convaincu que tu y arriverais. Souhaitons que ça se reproduise. Merci aussi à ton assistante, Marie-Hélène Goyette, d'avoir éclairé le projet avec sa joie de vivre.

Merci Heidi Bronstein pour tes talents de styliste culinaire, Judith Gougeon, pour ton arsenal infini de couverts, et Sylvain Riel, pour ton œil artistique et tes efforts pour transporter des valises d'accessoires chaque jour: il ne faut surtout pas se débarrasser de la table vintage bleu pâle!

Merci à Maxime Vanasse et à son équipe de me permettre de m'amuser autant dans mes projets. En vous occupant de tout le volet «bureaucratique» de mon travail, vous me libérez l'esprit et je ne peux que vous en remercier. Je vous aime beaucoup.

Merci à toute l'équipe des Éditions du Trécarré d'avoir cru en moi une troisième fois. Vous êtes un groupe de grande classe et j'ai du plaisir à travailler avec vous. On se reverra peut-être une quatrième fois... qui sait?

Finalement, un mot à tous ceux qui le méritent et que j'ai peut-être oubliés. Chaque collaborateur compte quand vient le temps de travailler en équipe. Merci.

Cet ouvrage a été composé en Archer Light 12/14
et achevé d'imprimer en octobre 2011
sur les presses de Solisco imprimeurs.